B端产品经理修炼手册

——AI产品规划与商业落地

李博 著

人民邮电出版社

北京

图书在版编目（CIP）数据

B端产品经理修炼手册：AI产品规划与商业落地 / 李博著. -- 北京：人民邮电出版社，2021.1
ISBN 978-7-115-55145-0

Ⅰ．①B… Ⅱ．①李… Ⅲ．①企业管理－产品管理 Ⅳ．①F273.2

中国版本图书馆CIP数据核字(2020)第209088号

内 容 提 要

人工智能是近年来发展迅速的一个领域，越来越多的公司正在探索 B 端产品的商业模式和技术落地。与此同时，人工智能行业的发展也带动了大量的人才需求，产品经理是其中非常重要的岗位之一，也给很多准备入行和转型进入这一队伍的人员提出了一系列的要求和挑战。

本书以人工智能行业为背景，用 7 章内容介绍了什么是人工智能产品经理、人工智能产品经理的基本技术能力、人工智能产品市场洞察、人工智能产品规划、人工智能产品设计、人工智能产品 GTM 和案例实践。本书基于作者的从业经验编写，全面展示了 B 端产品经理的成长轨迹和工作思路。

本书适合准备入行人工智能领域成为 B 端产品经理的读者阅读，也适合想要从技术人才转型为产品经理的读者阅读。通过阅读本书，读者能够理清工作思路，提高其在产品经理岗位的核心竞争力。

◆ 著　　　李　博
责任编辑　胡俊英
责任印制　王　郁　焦志炜

◆ 人民邮电出版社出版发行　北京市丰台区成寿寺路 11 号
邮编　100164　电子邮件　315@ptpress.com.cn
网址　https://www.ptpress.com.cn
北京瑞禾彩色印刷有限公司印刷

◆ 开本：720×960　1/16
印张：13.5
字数：208 千字　　　　　2021 年 1 月第 1 版
印数：1 - 2 500 册　　　 2021 年 1 月北京第 1 次印刷

定价：79.00 元

读者服务热线：(010)81055410　印装质量热线：(010)81055316
反盗版热线：(010)81055315
广告经营许可证：京东市监广登字 20170147 号

作者简介

李博,阿里云 AI 产品经理,毕业于北京邮电大学,曾出版《机器学习实践应用》一书。在校期间开始探索 AI 创业项目,参与过智能猎头、智能单车、机器学习平台等项目。毕业后加入阿里云,从早期开始参与了人工智能平台的建设,深入参与了 AI 平台的产品和商业化模式设计,有多年 B 端产品经理从业经验。

除此之外,他还是一个热衷于自媒体运营的技术达人,从 2013 年开始撰写技术类文章,是 CSDN 博客专家、云栖社区博客专家,个人公众号"凡人机器学习"(读者可扫描下方二维码关注公众号)在机器学习领域颇有影响力,拥有过万粉丝。他还在知乎(账号昵称:Garvin Li)和今日头条(账号昵称:比特到商业智能)运营着自己的技术博客。

前　言

作者担任人工智能B端产品经理5年多，见证了人工智能行业逐渐兴起的过程。在2015年以前，大部分IT从业者对机器学习、NLP、ASR等人工智能相关的术语还比较陌生，人工智能在各项业务中落地的案例也比较稀缺。但就是这短短的5年，人工智能的浪潮几乎席卷了整个IT领域，越来越多的公司正在探索如何通过人工智能技术实现业务转型和突破，随之而来的是越来越多的人工智能创业公司的成立，以及越来越多的人工智能商业化产品的诞生。今天，当我们访问一些云厂商网站的首页，在导航栏会清晰地看到人工智能这一栏，下面有机器学习平台、OCR产品、语音识别平台、NLP平台、智能搜索、智能推荐等人工智能商业化产品。

大量商业化产品的诞生，意味着存在大量对人工智能商业化产品经理的需求。但是，目前业内获取人工智能商业化产品经理培训的渠道仍比较稀缺。许多人工智能产品经理都是从算法工程师或者其他行业的产品经理转行过来，针对这部分人群，需要有专业的、贴近真实工作场景的资料帮助其入门。作者运营的公众号"凡人机器学习"有上万的机器学习爱好者关注，几乎每周都能收到读者的私信，因此作者希望可以写一些人工智能商业化产品经理相关的资料帮助大家入门。基于以上大的行业现状以及作者自身的经历，作者决定写这本书，希望可以把自身的工作经历结合已有的一些产品经理领域的方法论整合到一起，形成一套体系化的教程，帮助有需要的读者快速了解人工智能产品经理这样的岗位。

本书与许多产品经理相关书籍的不同之处在于不把重点放在如何绘制产品功能原型上面，更多地希望从业务和市场的角度帮助读者理解产品的本质。市场和业务决定了产品的方向，只有看清市场，才能设计出好的产品；产品只有在客户的业务中落地并创造营收，才能算是合格的商业化产品。本书将大部分篇幅放在市场分析、客户调研、产品规划和产品营销的介绍上。希望这些方法论可以帮助读者对技术→工具→产品→商品的整套链路有清晰的认识。

另外，基于作者的工作经验，优秀的人工智能商业产品经理一定是产品的架构师。特别是在人工智能这样比较新潮的领域，技术迭代周期很短，产品经理需要掌握必要的人工智能技术才能更好地保持对客户需求的敏锐度。因此，本书专门有一章介绍人工智能技术，从技术架构、计算框架、算法、模型等方面介绍了人工智能产品经理需要了解的技术点。作者也强烈建议人工智能产品经理花时间多了解相关技术，可以阅读一些人工智能行业的论文，甚至可以动手实践一下。

未来人工智能会在越来越多的领域落地，将会有更多的商业化产品诞生，这就需要大量的人工智能产品经理深入各行各业去探索产品在商业层面的落脚点。未来对于所有人工智能产品经理都充满着机遇和挑战，希望本书可以对大家在产品和商业化的认识上有所帮助。

读者对象

本书的读者对象如下：

- 在校生或应届毕业生，以及准备从事人工智能商业化产品经理相关岗位的同学；
- 工程师或算法设计师，准备转型做人工智能商业化产品经理的人；
- 非人工智能领域的产品经理准备转行到人工智能领域的人；
- 对人工智能商业化产品感兴趣的读者。

如何阅读本书

本书一共分为 7 章，首先了解什么是人工智能产品经理，然后陆续介绍人工智能产品经理的基本技术能力、人工智能产品市场洞察、人工智能产品规划、人工智能产品设计、人工智能产品 GTM（Go To Market）、案例实践——从零规划联邦建模平台这 7 个部分，由行业分析，到市场分析，再到产品落地，循序渐进地介绍了人工智能产品经理的必备知识和技能，建议读者按照目录顺序进行阅读。

第 1 章 "什么是人工智能产品经理" 主要介绍了人工智能产品的发展现状、人工智能商业化产品经理的工作内容，新手如何入门，ToB 产品和 ToC 产品的主要区别，人工智能商业化产品的生命周期。这一章主要是一些基础概念的介绍，为后续的章节做准备。

第 2 章 "人工智能产品经理的基本技术能力" 主要介绍了产品经理了解技术的重要性、人工智能领域的技术体系。本章帮助读者梳理人工智能产品经理需要了解的技术框架，方便大家从整体上把握技术脉络，学习相关的技术点。

第 3 章 "人工智能产品市场洞察" 主要介绍如何做市场分析、用户需求分析、竞品分析。这一章可以帮助产品经理了解如何产出市场分析报告 MRD，提供了一些产品经理需要用到的方法论，例如 PEST 分析、NPS 满意度调查、RFM 客户价值画像等。

第 4 章 "人工智能产品规划" 主要介绍如何在产品规划中做产品定义、产品目标设定、梳理参与者权责、业务流程设计、实施计划设计。这一章能够帮助读者了解如何针对内部产品开发团队制定规划报告，如何完成产品立项和争取各方面的资源。

第 5 章 "人工智能产品设计" 主要介绍产品的售卖模式设计、权限体系设计、功能设计方案。这一章除了介绍如何撰写产品功能文档，也针对 ToB 商业化产品的售卖体系和权限体系进行介绍，帮助读者全方位地了解商业化产品包含的模块。

第 6 章 "人工智能产品 GTM" 主要介绍如何确定市场、市场营销、售卖策略等。通过 "确定市场→市场运营→产品售卖→成功案例封装" 这一整条客户转化链路介绍如何把商业化产品推向市场。

第 7 章 "案例实践——从零规划联邦建模平台" 通过模拟规划联邦机器学习平台的过程，完整地介绍如何将第 1~6 章涉及的方法应用在具体的业务场景中。

勘误和服务

虽然花了很多时间去反复检查和核实书中的文字、图片和代码，但是因为认知能力有限，书中难免会有一些纰漏。如果大家发现书中的不足之处，恳请反馈给我（个人邮箱 garvin.libo@gmai.com），我一定努力修订问题。如果有任何疑问，也欢迎在我的微信公众号"凡人机器学习"留言讨论，或者在知乎找到 Garvin Li 私信留言，谢谢支持。

资源与支持

本书由异步社区出品，社区（https://www.epubit.com/）为您提供相关资源和后续服务。

提交勘误

作者和编辑尽最大努力来确保书中内容的准确性，但难免会存在疏漏。欢迎您将发现的问题反馈给我们，帮助我们提升图书的质量。

当您发现错误时，请登录异步社区，按书名搜索，进入本书页面，单击"提交勘误"，输入勘误信息，单击"提交"按钮即可。本书的作者和编辑会对您提交的勘误进行审核，确认并接受后，您将获赠异步社区的100积分。积分可用于在异步社区兑换优惠券、样书或奖品。

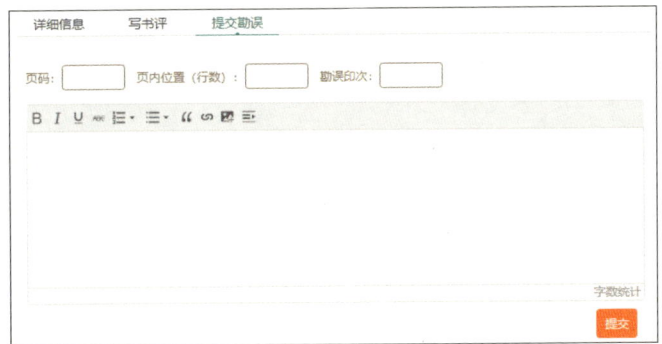

扫码关注本书

扫描下方二维码，您将会在异步社区微信服务号中看到本书信息及相关的服务提示。

与我们联系

我们的联系邮箱是 contact@epubit.com.cn。

如果您对本书有任何疑问或建议,请您发邮件给我们,并请在邮件标题中注明本书书名,以便我们更高效地做出反馈。

如果您有兴趣出版图书、录制教学视频,或者参与图书翻译、技术审校等工作,可以发邮件给我们;有意出版图书的作者也可以到异步社区在线投稿(直接访问 www.epubit.com/selfpublish/submission 即可)。

如果您所在的学校、培训机构或企业,想批量购买本书或异步社区出版的其他图书,也可以发邮件给我们。

如果您在网上发现有针对异步社区出品图书的各种形式的盗版行为,包括对图书全部或部分内容的非授权传播,请您将怀疑有侵权行为的链接发邮件给我们。您的这一举动是对作者权益的保护,也是我们持续为您提供有价值的内容的动力之源。

关于异步社区和异步图书

"异步社区"是人民邮电出版社旗下 IT 专业图书社区,致力于出版精品 IT 技术图书和相关学习产品,为作译者提供优质出版服务。异步社区创办于 2015 年 8 月,提供大量精品 IT 技术图书和电子书,以及高品质技术文章和视频课程。更多详情请访问异步社区官网 https://www.epubit.com。

"异步图书"是由异步社区编辑团队策划出版的精品 IT 专业图书的品牌,依托于人民邮电出版社近 30 年的计算机图书出版积累和专业编辑团队,相关图书在封面上印有异步图书的 LOGO。异步图书的出版领域包括软件开发、大数据、AI、测试、前端、网络技术等。

异步社区

微信服务号

目 录

第1章 什么是人工智能产品经理 ·· 1

1.1 人工智能行业的发展现状 ··· 1
1.1.1 人工智能技术的发展历史 ·· 1
1.1.2 人工智能市场的情况概述 ·· 9

1.2 人工智能商业化产品经理的工作内容 ································· 15
1.2.1 市场调研及产品规划 ··· 16
1.2.2 产品功能设计概述 ·· 16
1.2.3 建立产品服务体系 ·· 17
1.2.4 客户市场运营 ·· 17

1.3 人工智能产品新人如何上手 ·· 18
1.3.1 校招产品经理如何上手 ·· 18
1.3.2 如何转型为人工智能产品经理 ······································· 22
1.3.3 新人如何伴随新产品成长 ··· 24
1.3.4 新人如何在成熟产品体系下找到位置 ······························· 25

1.4 ToB 和 ToC 产品的主要区别 ·· 26
1.4.1 产品的核心竞争力 ·· 27
1.4.2 Buyer 和 User 的区别 ··· 28
1.4.3 竞品间的能力壁垒 ·· 29

1.5 人工智能商业化产品的生命周期 ······································ 30
1.5.1 需求调研阶段 ·· 31

1.5.2 工具开发阶段 ………………………………………… 32
1.5.3 产品公测阶段 ………………………………………… 33
1.5.4 产品商业化阶段 ……………………………………… 34
1.5.5 产品生态化阶段 ……………………………………… 35
1.6 本章小结 …………………………………………………… 36
1.7 解惑答疑 …………………………………………………… 37

第2章 人工智能产品经理的基本技术能力 …………………… 38

2.1 产品经理需要懂技术吗 …………………………………… 38
    2.1.1 了解技术的好处 ……………………………………… 39
    2.1.2 产品经理如何学习技术 ……………………………… 41
    2.1.3 如何划分技术和业务的边界 ………………………… 42
2.2 人工智能技术体系 ………………………………………… 43
    2.2.1 人工智能技术架构概述 ……………………………… 43
    2.2.2 计算硬件资源层 ……………………………………… 44
    2.2.3 分布式框架层 ………………………………………… 47
    2.2.4 经典算法和深度学习算法 …………………………… 50
    2.2.5 模型和业务 …………………………………………… 57
2.3 本章小结 …………………………………………………… 61
2.4 解惑答疑 …………………………………………………… 61

第3章 人工智能产品市场洞察 ………………………………… 63

3.1 市场分析 …………………………………………………… 63
    3.1.1 PEST分析法 ………………………………………… 63
    3.1.2 市场"集中度"VS"渗透率" ……………………… 71
    3.1.3 市场产业链分析 ……………………………………… 74

3.2 用户需求分析 ································ 77
　　3.2.1 用户需求的几个维度 ················ 78
　　3.2.2 用户洞察的方法 ······················ 80
　　3.2.3 客户分层 ································ 83
　　3.2.4 客户画像模型 ·························· 86
3.3 竞品分析 ·· 88
　　3.3.1 竞品分析的误区 ······················ 89
　　3.3.2 用 WHW 法确定竞品范围 ······ 90
　　3.3.3 竞品分析的几个维度 ················ 92
3.4 本章小结 ·· 96
3.5 解惑答疑 ·· 97

第 4 章　人工智能产品规划 ················ 98

4.1 产品定义 ·· 99
4.2 产品目标 ·· 100
4.3 梳理参与者权责 ·································· 101
4.4 产品业务流程及架构 ·························· 103
4.5 具体实施计划 ······································ 104
4.6 本章小结 ·· 106
4.7 解惑答疑 ·· 107

第 5 章　人工智能产品设计 ················ 108

5.1 售卖模式设计 ······································ 108
　　5.1.1 按时间维度区分 ······················ 109
　　5.1.2 按功能维度区分 ······················ 113
5.2 权限体系设计 ······································ 115

5.2.1　角色的设计 ································· 116
　　　5.2.2　权限点的设计 ······························ 117
　5.3　SLA 的设计 ·· 119
　　　5.3.1　时间周期 ······································· 120
　　　5.3.2　服务的可用性 ································ 120
　　　5.3.3　赔付标准 ······································· 121
　5.4　产品功能设计 ··· 121
　　　5.4.1　产品功能设计格式规范说明 ·········· 122
　　　5.4.2　产品功能设计模式 ························· 132
　5.5　本章小结 ·· 137
　5.6　解惑答疑 ·· 138

第 6 章　人工智能产品 GTM ·············· 139

　6.1　确定市场 ·· 140
　6.2　营销 ··· 142
　6.3　售卖策略 ·· 144
　6.4　成功案例封装 ··· 147
　6.5　本章小结 ·· 149
　6.6　解惑答疑 ·· 149

第 7 章　案例实践——从零规划联邦建模平台 ·············· 151

　7.1　定义问题和解决问题 ······························ 151
　7.2　联邦学习市场洞察 ·································· 152
　　　7.2.1　客户需求分析 ································ 152
　　　7.2.2　客户分层 ······································· 153
　　　7.2.3　客户 Persona 画像 ························· 156

    7.2.4 市场分析 ······ 158
    7.2.5 市场洞察总结 ······ 164
  7.3 联邦学习产品规划 ······ 166
    7.3.1 产品定义 ······ 166
    7.3.2 产品目标 ······ 167
    7.3.3 梳理参与者权责 ······ 168
    7.3.4 产品业务流程及架构 ······ 169
    7.3.5 具体实施计划 ······ 171
    7.3.6 联邦学习平台产品规划总结 ······ 173
  7.4 联邦学习产品设计 ······ 174
    7.4.1 售卖模式 ······ 174
    7.4.2 权限体系设计 ······ 176
    7.4.3 SLA 设计 ······ 178
    7.4.4 产品功能设计 ······ 179
  7.5 联邦学习 GTM 策略 ······ 193
  7.6 本章小结 ······ 193

附录　关于商业化和产品建设的思考 ······ 195

市场反馈是产品的根本推动力 ······ 195
用户体验与商业模式的矛盾 ······ 196
选择定制化需求还是标准化需求 ······ 198
价格和产品能力的关系 ······ 199
总结 ······ 199

第 1 章
什么是人工智能产品经理

1.1 人工智能行业的发展现状

了解 IT 技术的读者应该都比较清楚，人工智能是近几年在技术圈非常热门的一个方向。人工智能载体机器人 AlphaGo 战胜世界围棋冠军这一关键事件，有力地推进了整个人工智能领域的发展。随之而来的是与人工智能相关的应用逐渐走进了人们的生活，例如扫脸解锁手机屏幕、智能音箱的智能语音识别、推荐系统的"千人千面"等。人工智能技术正在逐渐改变人们的生活。随着各种人工智能元素逐渐加入人们的生活，越来越多人工智能的 ToB 服务应运而生。本书将着重介绍如何以产品经理的视角设计人工智能 ToB 产品以及如何设计相关产品的商业模式。在本书的开篇，作者希望通过这一章内容来介绍人工智能行业的发展现状，首先作者会带大家回顾人工智能的发展历史。

1.1.1 人工智能技术的发展历史

其实人类从 20 世纪 30 年代就开始探索通过机器创造出某种智能来帮人类进行决策，这样就可以减少很多重复的脑力劳动。工业革命解决的是重复体力劳动的问题，解放了大量生产力。人们也在思考，如果能把重复的脑力劳动也解放了，是否能带来新一轮的生产力的腾飞，于是科学家在 20 世纪三四十年代就开始探索如何实现人工智能。

但是人工智能话题在短暂的火热之后很快就冷却下来了，因为人们一直找不到一种标准去评估什么才是人工智能，如果没有一个科学层面上的清晰定义，一切工作都仿佛失去了方向。

直到1950年，阿兰·图灵（见图1-1）发表了一篇划时代的论文，在论文中图灵预言了创造具有智能的机器的可能性，并且给出了评估智能的标准，后来人们称这个标准为"图灵测试"。图灵测试第一次提出了一个具体可行的判断机器智能的方法，在图灵测试中要求提问者和计算机在不接触对方的情况下，通过一种特殊的方式可以通信，如果在一系列问答之后，人类仍然无法判断出跟他交流的对象是人还是机器，就表明这台机器具有了智能。这就是著名的图灵测试（见图1-2）。

图1-1　阿兰·图灵

当时世界上只有几台计算机，但没有一台计算机可以通过图灵测试。图灵也因为图灵测试成为了计算机领域的人工智能先驱，很多人认为乔布斯当年设定苹果的标志为"被咬一口的苹果"是为了纪念图灵。

当人们获取了人工智能的标准之后，很多人开始重新研究如何实现人工智能。但是一直到1956年，都没有一个特定的专业名词来形容人工智能，人工智能也没有成为计算机领域的一个分支。1956年，在达特茅斯会议上，一群科学家集聚在达特茅斯学院讨论人工智能的相关理论，也是在这个会议上人们正式提出了人工智能

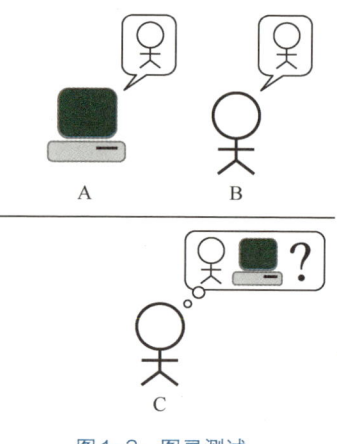

图1-2　图灵测试

（Artificial Intelligence，AI），AI 这个词也是从此次会议诞生并延续到现在的。

当人们确定了人工智能是一个需要深入研究的技术领域，并且也确定了评估这项技术是否实现的标准后，便开始尝试以不同的方式探索这个技术领域。最早尝试的方法是把人类的经验设计成一条条规则，希望把全世界的智能全部通过人工的方式总结出来并在计算机中建模，但是很快这个方案就被否定了，因为世间万物隐含的规则实在太多了，光靠人去一条条收集实在是杯水车薪。于是，人们逐渐意识到光靠数学公式和计算力是解决不了问题的。

那么如果有某种方法能够让机器自己去生成类似人的相关经验，是否就可以实现人工智能呢？于是人们开始探索通过数学公式和计算力去挖掘历史经验数据，并且希望通过这样的方式自动地获取一些智能。其实在 20 世纪七八十年代，许多经典的机器学习算法已经诞生，类似于逻辑回归这样的算法已经可以学习出数据中的经验和规律。于是，机器学习的雏形就此诞生，并且也基本确定了人工智能的三要素，分别是数据、算法和计算力，如图 1-3 所示。

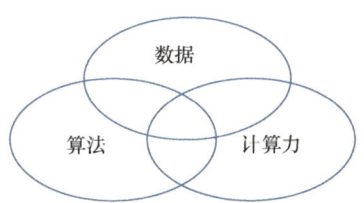

图 1-3　人工智能的三要素

虽然在 20 世纪七八十年代人们找到了通过数据、算法和计算力三者相结合并利用机器自动学习生成智能的方法，但是因为当时那个年代数据样本量还比较少（通常做一个图像探索模型，要使用数万张的图像）。另外计算力也比较有限，因此人们并没有成功突破图灵测试。人们逐渐意识到，如果要在人工智能方面有所突破，必须同时在算法理论、计算能力、数据量这 3 个方面有所进展，并且缺一不可。

人工智能再次成为行业热点，是从计算力和数据方面有所突破开始的。计算力的突破有一个里程碑的事件，那就是 2004 年谷歌发表了论文"MapReduce：Simplified Data Processing on Large Cluster"，这篇论文为如何获取大量廉价的计算力提供了理论基础。随着互联网的普及,每天有大量的数据沉淀在各个互联网巨头的服务器中,这也给像谷歌这样的互联网公司的计算力带来了很大的考验。在 MapReduce 这篇论文发表之前,行业内并没有很好的分布式计算的理论基础,超大规模的计算都需要依赖于超大型计算机来实现,计算成本非常昂贵。MapReduce 这篇论文的发表,划时代地提出了用多台普通服务器并行解决复杂任务的方法,一举降低了获取大规模计算力的门槛,让大规模计算从超算中心走进了各个底层基础研究机构。同时,分布式计算也为后续的云计算技术以及云厂商服务的普及提供了理论支持。

随着分布式计算的发展以及用户数据的不断沉淀,人们开始基于经典的机器学习算法实现一些智能化的服务。例如在 2005 年左右,我们逐渐在一些网站看到了基于机器学习算法实现的个性化广告推荐,比较有代表性的是亚马逊的网上图书商城。该网站可以基于用户的特征来智能化地向用户推荐可能感兴趣的图书,提升了图书的整体成交规模。但是这些智能化应用更多地集中在用户登录网站后的用户行为之中,在图像和语言等认知领域的应用仍未普及。

之所以人工智能在 21 世纪初期只能在推荐等极少数的场景应用,是因为人工智能的模型训练依赖于大量的打标数据,打标数据指的是被标记结果后的样本数据。例如单纯向算法提供图 1-4 这样的图像,让模型做"狗"和"猫"图片的识别,这样的训练是无法拿到结果的,因为计算机并不清楚图中哪个是"猫",哪个是"狗"。

图 1-4 猫狗示意图

真正做图像识别训练,需要标记图像中每个部分的内容,这样算法才能通过学习这些标记结果生成识别模型。打标图片需要标记出图像中每个部分的内容和相对位置，如图 1-5 所示。

图1-5 打标图片

而数据打标是一个十分消耗人力的工作，获取上万张图像打标数据需要付出高昂的时间成本和人力成本。智能推荐等业务场景之所以在早期容易落地，就是因为标记数据比较容易获取。智能推荐通过抓取用户在应用程序上的购买等操作可以自动实现相关的行为打标工作。

没有充分的标记数据就难以推动整个人工智能行业的前进，这个局面在 2007 年出现了改观。在斯坦福任教的华裔科学家李飞飞（后来曾任职于谷歌）发起了著名的 ImageNet 项目，如图 1-6 所示。

ImageNet 项目是一个提供用户视觉对象识别软件研究的大型可视化数据库，在 ImageNet 项目中，有来自全世界的视频图像研究方提供的超过千万张图像的标记数据，这些图像覆盖了两万多个类别，几乎涵盖了大部分物种。正是 ImageNet 这种开拓性的开源项目大大推进了人工智能技术在视觉图像领域的进步，让人工智能真正在人们的认知领域起到作用。大家生活中接触到的物种识别、视频分类等与图像相关的技术，都与 ImageNet 项目有莫大的关系。另外，为了进一步推动视觉领域各个研究机构间的技术交流，ImageNet 项目组每年还会举办一次视觉识别挑战赛（ILSVRC），这项赛事已经举办了多年，将视觉技术分为了分类和检测两个大的类目进行竞赛，每年都会有新的算法诞生，每年也都会刷新前一年的识别准确率。可以说在 2010 年左右，以 ImageNet 开源数据集和 ILSVRC 竞赛为基础，人工智能行业得到了大跨步式的发展。

图1-6 ImageNet项目

ImageNet 作为近些年人工智能行业在开源数据集层面的路标，让整个行业在算法层面取得了巨大的突破，比较有代表性的是深度学习的诞生。深度学习算法极大地推动了认知领域，特别是语音、视觉、自然语言理解等领域的进步。什么是深度学习呢？大家知道人类的大脑是由上亿个神经元组成的，人类的所有认知行为都是通过神经元之间传递信号的方式实现的。深度学习的原理就是通过深度神经网络建立数学公式和模拟人脑进行分析学习的，如图1-7所示。

深度神经网络的概念是由 Geoffrey Hilton 在20世纪80年代提出的，但是初期学术圈对深度神经网络的研究并不感兴趣，因为深度神经网络是由大量的原子化计算单元组成的，计算过程中需要大量的训练数据参与，并且在调整参数方面会消耗许多人力才能实现比较理想的效果，这些因素在几十年前的科学研究环境并不具备。事情的转机出现在2006年，Geoffrey Hilton 和他的学生探索出了使用 GPU 作为计算硬件引擎优化深度神经网络的方法，大幅度提升了深度神经网络的计算速度和准确性,并且将该方法发布在《科学》杂志上,在这篇跨时代的论文中,Hilton 首次赋予了深度神经网络新的名字——深度学习。到了 2012 年,Hilton 的学生使用深度学习的方法参加了基于 ImageNet 数据集的 ILSVRC 比赛,并且大幅度提升了图像识别的准确率,轰动了整个人工智能学术界。深度学习算法也随之走红,逐渐成为人工智能领域非常重要的算法研究方向,而且在语音、自然语言理解等方面不断取得突破性的进展。

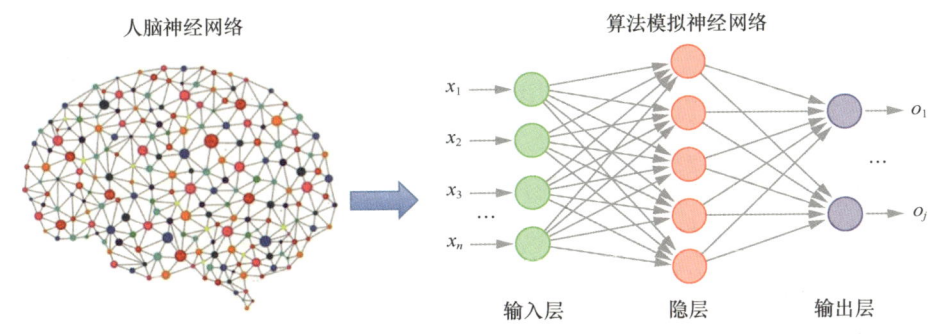

图 1-7 深度神经网络示意图

如果说 ImageNet 和深度学习的发展更多的是给人工智能的学术圈带来了影响,那么真正让世人感受到人工智能的春天已至的事件就是 AlphaGo 连续战胜世界围棋大师李世石和柯洁,如图 1-8 所示。

图 1-8 AlphaGo 战胜人类围棋大师

围棋长期以来被誉为最能体现人类智力的运动，如何能通过机器搭载人工智能的方式战胜人类围棋大师，一直是相关领域科学家的目标。正是基于这个目标，专注于研究深度学习技术的公司 DeepMind（后被谷歌收购）开发了一款围棋机器人 AlphaGo。AlphaGo 背后是一种基于对抗网络的无监督人工智能算法，该算法可以让机器在自我博弈当中通过左右互博的方式自我学习并提升智能。最终，在全世界人民的关注下，AlphaGo 毫无悬念地先后战胜了两位世界顶级围棋大师。

随着 AlphaGo 战胜人类围棋大师，大家逐渐意识到通过机器替代人类去思考是可行的。于是人们开始关注如何更高效地实现与人工智能相关的应用，在探索的过程中诞生了许多工业级别的算法框架，比较有代表性的是 Caffe、TensorFlow、PyTorch、MXNet 等，这些框架大多诞生于 2015 年前后。这些框架的诞生使人工智能在工业界的应用更高效和迅速。

在这些框架中，目前在工业界应用比较广泛的是 TensorFlow。TensorFlow 是由谷歌人工智能团队 Google Brain 开发和维护的。目前 TensorFlow 全部代码已经开源并且在整个人工智能领域建立了广泛的生态，每天来自全世界上万家的企业以及个人开发者活跃于 TensorFlow 的开发者社区，不断为该框架贡献改进建议和优化代码。随着社区发展和人工智能应用的普及，以 TensorFlow 为代表的框架会不断发展和提升，从而进一步反哺整个行业的发展。

人工智能的进化史其实就是人类不断努力让机器代替人类智能的历史。从 20 世纪 30 年代开始，人类经历了如何定义人工智能，又通过分布式计算的方式解决了计算力问题，以 ImageNet 为代表的开源数据集解决了标记数据问题，深度学习解决了算法问题，以 TensorFlow 为代表的计算框架解决了人工智能建模的效率问题。终于，整个行业迎来了大爆发，在接下来的若干年里，人工智能行业的核心是如何通过相关技术，不断地改善人们的生活并且提高生产效率。智能音箱、无人驾驶、智能语音客服等应用伴随着人工智能技术的演进，已经开始为越来越多的人服务，相信在 21 世纪接下来的几十年里，人类会伴随着人工智能技术的发展实现生产力又一次的腾飞。

1.1.2 人工智能市场的情况概述

2010～2020年，人工智能行业在技术领域实现了巨大突破，从理论学科不断演变成工业界可落地的技术手段。从2020年开始，人工智能行业的重点将逐渐从技术驱动向业务驱动转变，从技术到产品再到商品的这一系列过程，需要越来越多了解技术及业务的商业化产品经理的参与。本节将介绍整个人工智能商业化市场的情况。

来自权威分析机构的数据（见图1-9）显示，2020年国内人工智能市场会达到1280亿元的规模，而且在接下来的两年都将会以接近100%的增速发展，这就意味着整个人工智能市场将迎来大爆发，这对所有的从业者来说，都是一个振奋人心的消息。爆发式的市场增长离不开内在推动因素，人工智能市场的爆发，其内因可以总结为以下4点推动因素。

图1-9 人工智能市场情况分析

（数据来自易观《2019年中国人工智能应用市场专题分析》）

① 政策推动。政府高度重视人工智能领域的发展，并且已经正式将加速发展人工智能作为未来的重点。另外，人工智能已然成为世界各国之间科技实力与经济未来竞争的关键因素。美国已经将人工智能列为重要方向，并且相继发布了《为人工智能的未来时刻准备着》(*Preparing for the Future of Artificial*

Intelligence）和《美国国家人工智能研究与发展战略规划》（National Artificial Intelligence Research and Development Strategic Plan）两个重要文件，欧盟也推出了《欧盟机器人研发计划》（SPARC）。这些政策因素为人工智能行业的发展指明了方向。

② 技术推动。在1.1.1节中已经介绍了，随着近些年相关技术的不断演进，人工智能技术已经在认知和智能推荐等相关领域达到了工业级应用的水平，这也是人工智能行业可以实现爆发式发展的根基。

③ 资本拉动。随着整个行业的价值不断上升，越来越多的资本涌进了人工智能行业，也诞生了许多人工智能领域的"独角兽"，旷世科技、地平线、商汤科技等公司先后拿到了数亿美元的融资。大量资金的涌入也带动了整个行业有更多的人才进入，推动了技术和产品的不断升级。

④ 公众的普遍关注。随着扫脸支付、智能语音音箱、电商个性化推荐等功能逐渐走入大众的视野，公众逐渐认识到自己的生活正在被新的技术所改变，也越来越期待人工智能可以为自己的生活提供更多的便利。可以说人工智能技术逐渐成为了大众关注的热点，这也从另一个层面促进了整个行业的发展。

进入2020年，人工智能市场已经成为蓬勃发展的商业化市场，在市场交易过程中一定会包含服务提供商和服务采购商。那么在人工智能市场中有哪些主要玩家呢？按照服务层级划分，可以分为底层硬件、通用AI技术及平台、业务应用3个层次。

底层硬件指的是人工智能领域需要使用的基础计算硬件，底层硬件提供方包含直接硬件供应商以及云端资源供应商两种。直接硬件供应商就是直接提供硬件售卖的厂商，比较有代表性的是GPU的提供商NVIDIA。因为机器学习的训练过程需要做大量的并行化计算，GPU在机器学习训练特别是深度学习训练方面有极其出色的性能表现，所以GPU的开发商NVIDIA也变成了目前人工智能领域最为炙手可热的供应商。NVIDIA几乎垄断了整个GPU供应市场，每当NVIDIA推出新的GPU卡时，常常会引发市场轰动，甚至达到一卡难求的局面。

GPU价格非常昂贵，从几千美元到几万美元不等，巨大的市场诱惑也引来了越来越多的参与者。谷歌、阿里巴巴、Intel、寒武纪等厂商，都先后推出了自己研发的训练或推理芯片，未来整个硬件供应商会逐渐向多元化的方向发展。因为 GPU 卡非常昂贵，所以许多"通用 AI 技术及平台"这一级的用户希望可以弹性化使用 GPU 计算资源（弹性化使用指的是用的时候付钱，不用的时候不付钱），这也就促成了云端硬件资源供应商的发展。国内的各大云厂商，例如阿里云、华为云、腾讯云等，每年都会向 NVIDIA 等硬件供应商大量采购用以模型训练的底层硬件，并且将这些硬件部署为云端服务对外售卖，云端服务具有弹性伸缩、按量付费、免运维等优势，所以云端的异构计算资源越来越受到上游厂商的青睐。如何把云端的异构训练服务器和推理服务器建设得更高效、更弹性化，这也成了人工智能领域的一个关键课题，在相关领域也逐渐有更多商业形态的产品诞生，许多人工智能产品经理也在从事这些偏底层硬件效率提升方面的设计工作（见图 1-10）。

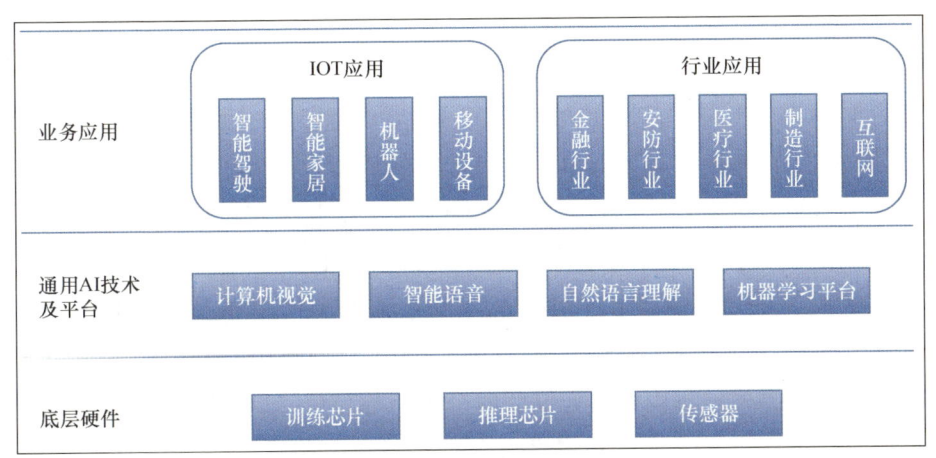

图 1-10　人工智能领域服务层级划分

再来看看通用 AI 技术及平台层，这一层也是目前从业的产品经理最多的一层，积累了大量与 AI 相关的产品。这一层可以分为 4 个细分方向，分别是计算机视觉、智能语音、自然语言理解、机器学习平台。这些方向的产品特点是直接提供 PaaS 级别的人工智能解决方案，比如直接提供人脸识别 API、语音转文本 API 等。相关的从业产品经理需要考虑如何将技术封装成商业化产品，另外还要保证产品具备灵活性以及可扩展性，因为这一层的产品往往需要再度封装才能被终端用户使用。这一层产品的特点更多的是以模型和算法为核心，相对于底层硬件产品，AI 技术及平台层产品的开发周期更短，也诞生了较多的人工智能独角兽公司。目前国内各个细分领域的主要玩家如表 1-1 所示。

表1-1 AI产品及行业态势

计算机视觉	智能语音	自然语言理解	机器学习平台
旷世科技、商汤科技、腾讯优图、阿里云、海康威视、格林深瞳、依图科技、云从科技	科大讯飞、百度、搜狗、阿里云、腾讯云、思必驰、云知声声智科技、灵伴科技	百度、阿里云、腾讯云、搜狗、图灵机器人、小i机器人、三角兽、追一科技	百度、阿里云、腾讯云、搜狗、第四范式

这一层级目前在各个赛道都有多家极具竞争力的公司在争抢市场份额，也是目前整个人工智能市场竞争最为激烈的一层，对于商业化的产品经理需求量较大。如果准备进入人工智能领域并担任产品经理岗位，建议从"通用 AI 技术及平台"这一层开始。

接下来介绍"业务应用层"，作者认为目前人工智能技术在业务应用层有两个方向的划分，一个是与 IOT 相关的应用，比如大家比较熟悉的智能音箱，里面就应用了许多语音识别以及自然语言理解的技术，再比如扫地机器人里应用了许多与视觉分析相关的技术。IOT 领域未来会是人工智能相关技术的一个非常重要的出口，有十分充足的想象空间，未来的家居机器人、自动驾驶汽车都属于这一类别，这些 IOT 技术的不断落地会大大改变人类的生活。目前在 IOT 领域诞生了一系列的人工智能创业公司，比如图灵机器人、Rokid、大疆机器人等。另外，国内的各大互联网公司，如百度、阿里巴巴、腾讯、小米等，也都将 IOT 作为未来的重点发力方向。

"业务应用层"的另一个主要应用分支是各种行业的应用，人工智能进入金融、教育、农业、工业生产等各个领域，可以有力地提升各行业生产力的发展。通过人工智能技术可以代替原先的某些需要依靠人的经验才能实现的工作，从而提升整个传统行业的生产效率。在行业应用方面，作者认为比较有代表性的一个例子是阿里云与协鑫光伏合作提升光伏切片良品率的例子。协鑫光伏是全球领先的光伏材料制造商，其生产的硅片产品占全国流通硅片的 70%。在光伏切片的生产过程中，有数千个生产参数会影响切片良品率，例如砂浆温度、砂浆密度等，任何一个变量的细微变化都会直接影响生产。经过多年对传统方法的优化，在光伏切片良品率方面的优化空间已经越来越小。后来协鑫光伏与阿里云合作，利用阿里云的人工智能算法对在苏州协鑫公司生产过程中采集到的全部变量进行分析，找出与良品率最为相关的 60 个关键变量。根据这些关键变量为苏州协鑫公司搭建生产过程的参数曲线模型，在生产过程中对这些变量进行分析处理，一旦变量超出模型范围，苏州协鑫的监测系统就会及时预警。通过这一手段有效提高了光伏切片的良品率，而良品率每提高千分之一，就可以节省上千万的生产成本。这个例子充分说明了人工智能在传统工业生产环境中可以发挥重要价值。

除了工业制造，人工智能在金融、安防等领域也开始发挥作用，比如安防领域的天眼项目可以通过摄像头抓取每条街道行人的图像信息，然后利用人脸匹配技术追踪行人的轨迹和真实身份，实现快速破案。在许多诸如此类的行业应用中，往往并不是人工智能公司直接服务于最终客户，而是通过行业合作伙伴的方式与最终客户建立合作机制。以安防领域为例，通常是由人工智能技术供应商提供底层的技术解决方案，例如人脸匹配技术。再经过行业合作伙伴将技术和行业业务整合，比如将人脸匹配算法和公安部门的数据库相结合。最终是由行业合作伙伴与最终的客户（比如公安部门）进行直接接触。所以人工智能相关的技术如果想渗透到各个垂直行业中，找到行业对应的合作伙伴至关重要（见图 1-11），因为人工智能提供商通常是互联网技术公司，对于各个传统行业的理解并没有深耕行业的合作伙伴深入，需要双方进行资源互补，才可能把市场做深做透。

除了传统行业，目前人工智能技术渗透最广泛也是需求最旺盛的仍是互联网领域的客户。因为人工智能技术的落地需要用户满足数据结构化、具备基本的技术能力等特点，互联网领域的客户是最符合相关特点的群体。互联网客户可以简单地按照客户产品的 DAU（日活跃人数）来划分等级，如图 1-12 所示。

- 头部客户：这部分客户基本占据了人们日常生活中的各个主要流量入口。其中包括占据信息检索入口的百度和今日头条、占据社交入口的腾讯和新浪微博、占据电商入口的阿里巴巴和京东、占据本地生活入口的美团、占据交通业务入口的滴滴等。这部分头部互联网公司具有极其复杂和丰富的人工智能业务场景，绝大部分公司已经把人工智能列为自身的核心技术发展方向，并且配置了规模庞大的人工智能团队。这部分互联网头部客户是 ToB 市场最难切入的客户,因为他们都具有极强的自主研发能力,很少会采购外部的商业化人工智能服务。即使采购了服务,也不愿意被技术绑架,还是会尝试自主研发。所以,目前人工智能商业化产品想要渗透到头部的互联网公司是比较困难的。

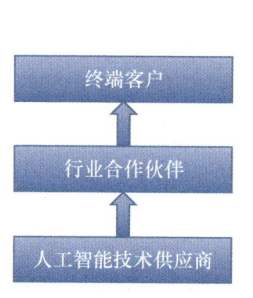

图 1-11　垂直行业业务模式

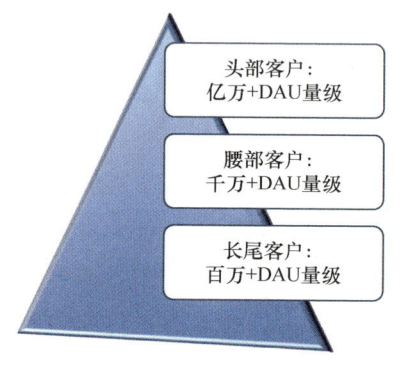

图 1-12　客户分级

- 腰部客户:头部互联网公司已经占据了各大主要的流量入口,所以留给腰部互联网公司的生存空间比较有限。一部分腰部互联网公司是一些下沉渠道的头部玩家,比如主打下沉媒体市场的趣头条;另一部分腰部互联网公司是一些细分领域的头部公司,比如漫画市场的头部玩家快看漫画、母婴市场的宝宝树等。腰部互联网公司的特点是公司业务相对稳定,已经在某个赛道站稳了脚跟,正在寻求一些技术上的突破和创新模式,可能自身还没有十分强的人工智能技术储备。腰部互联网公司是人工智能商业化产品最青睐的客户群体,因为这部分客户有明确的需求以及较为充足的预算。所以,目前各大人工智能技术平台供应商以及人工智能硬件供应商都在想尽办法去更好地服务腰部的互联网客户,这块市场的竞争也最为激烈。腰部互联网客户对人工智能商业化产品虽然不排斥,但是也不希望只采购"黑盒"的产品而失去自身的技术积累。针对这部分客户的特点,一般要做多轮技术底层的沟通,直到证明售卖的产品可以满足客户的灵活性、技术可扩展性的需求为止。作者认为,对于腰部互联网客户来说,可以适当做一些产品定制化的功能以满足客户需求。因为这部分客户是某个细分领域的龙头客户,一旦服务好,将很容易形成示范效应，后续可以参考成功客户的案例在领域内推广，形成以点带面的效果。

- 长尾客户：互联网长尾客户通常是在各个赛道排名 3～10 名的玩家，这部分客户的特点是业务处于快速发展阶段，在人工智能技术领域基本没有太多积累。长尾客户的需求比较直接，就是快速可落地。长尾客户比较倾向于直接使用一些 SaaS 级别的商业化产品。比如很多互联网媒体客户需要对内容进行"涉恐涉政"的智能审核，他们通常期望直接购买封装好的产品，并不希望了解产品内部的技术实现细节。对于互联网长尾用户来说，最理想的产品输出模式就是产品的标准化输出，产品经理需要把产品做得简单易用并且尽可能减少上手成本。长尾互联网客户可能不会有腰部客户那么大的客单价，但是如果可以把客户量做起来，也会有不错的市场空间。所以如何把产品在互联网长尾客户中快速复制也是很多人工智能商业化产品经理需要思考的问题

在这一节，我们首先分析了未来几年国内的人工智能市场规模以及主要推动因素，另外也从底层硬件、AI 技术和平台、业务应用 3 个方面介绍了目前国内人工智能市场在各个层级的主要玩家和特点。了解整体市场的动向是从业产品经理的必修课，本节更多地从整个行业的角度进行分析，大家在实际工作中应该只是从事人工智能某个层级的分支领域，还需要针对自己所在的层级的分支做更细致的市场情况分析。

1.2 人工智能商业化产品经理的工作内容

在互联网领域一直存在这样的一对博弈，产品经理与开发人员，产品经理经常会问开发人员"为什么这么简单的功能都实现不了"。开发人员则认为产品经理不懂技术瞎指挥。

产品经理是伴随互联网的蓬勃发展而诞生的岗位，每一个互联网产品的背后都有对应的产品经理。互联网从业者对产品经理的工作职责都比较清楚，但是因为人工智能领域是一个近几年才兴起的互联网细分领域，并且目前人工智能领域的产品多数是 ToB 类型产品，这就造成了人工智能商业化产品经

理的工作内容与传统的互联网产品经理有所不同。很多读者会好奇人工智能B端产品经理的工作涉及哪些方面，本节将着重介绍。

人工智能B端产品经理的工作大体可以分为以下几个方面：市场调研及产品规划、产品功能设计、产品服务体系建立、客户市场运营。商业化产品在不同的生命周期，产品经理的工作侧重点会略有不同，所以不能简单地给出量化的指标展示各个方面的工作量，本节主要介绍各个方面的工作具体包含哪些内容。

1.2.1 市场调研及产品规划

对于任何一款准备从零开始开发的商业化产品，产品经理的第一个任务一定是做市场调研及产品规划工作，产品经理需要基于调研结果产出市场需求文档（Market Requirement Document，MRD）。MRD对整个产品的建设和开发至关重要，MRD是产品接下来几年的市场进攻方向以及功能演进方向的蓝图。所以，作为人工智能商业化产品经理来说，需要投入大量精力洞察市场的走向和用户需求，定义用户，输出一套可行性高的产品规划方案，并且要求整个产品开发团队目标一致，严格按照产品规划方案执行。这项工作的执行周期需要与大团队的开发周期一致，通常是半年或每个季度做一次。具体的市场调研和产品规划的工作细节会在第3章和第4章中详细介绍。

1.2.2 产品功能设计概述

产品功能设计主要指的是产品需求文档（Product Requirement Document，PRD）的撰写工作。输出PRD的过程是产品经理"定义一个问题并解决问题的过程"，产品经理需要按照产品规划的内容将产品需要的功能点进行拆解，并且给每个产品功能设计可实现方案。在做产品功能设计的时候需要绘制大量的原型图，并且将一些功能逻辑写成文档。

产品功能设计工作是每个产品经理的例行工作，每周都要花大量时间思考如何实现功能和改进功能。因为ToB商业化产品一旦上线，就会有来自客户源源不断的需求需要处理，产品经理需要区分这些需求的优先级，并且给开发人员明确的功能实现方案和时间节点。

1.2.3 建立产品服务体系

建立产品服务体系是 ToB 产品与 ToC 产品的一大区别。在商业化服务场景下，光有孤零零的产品功能是无法跟客户需求匹配的，需要有一系列使用帮助教程。其中产品经理的主要工作是输出整个产品的功能说明文档，要细致到每个按钮。以作者参与的机器学习平台产品为例，单是功能介绍文档就有将近 4 万字。这些说明文档需要不断地随着产品功能的更新而更新，所以文档工作通常会占用产品经理大量的精力。另外，针对部分比较难以上手的产品，建议要录制使用视频，以视频解说的方式介绍产品的功能。视频教程也是目前人工智能 ToB 领域比较普遍的功能介绍方式。根据作者的工作经验，录制视频教程的效果会优于文档。

除了功能介绍文档等相关材料的开发工作，服务体系的建立依赖于许多支持团队的合作，产品经理在其中的角色是沟通和协调，将整个售前和售后链路打通。比如产品经理需要给售后团队明确的 SLA 准则（SLA 指的是售后服务保障），并且培训售后团队，使售后团队在遇到用户索赔和追责的时候可以快速处理问题。在售前方面，产品经理也要协调各个售前工程师和销售团队，给前方团队输出与产品售卖相关的商业指导书，扫清产品售卖工作的障碍。

在产品对外服务的过程中，产品经理是整个体系的接口人，任何售前、售后、开发端出现问题都会与产品经理联系，所以在各个团队之间的沟通和协调工作会占据很大的一部分精力。

1.2.4 客户市场运营

客户市场运营指的是产品经理要支持客户端的业务落地以及对外市场推广。在客户运营方面，产品经理基本会覆盖核心客户的售前和售后全流程。通常，一款产品设计完并开发上线，并不意味着售前、售后团队可以完全脱离产品经理的支持进行后续的商业化推广工作。对于绝大部分产品，售前和售后团队可能只能掌握产品功能的 50%。但是在 ToB 服务领域，特别是对一些大体量的客户，通常会遇到一些高级定制或复杂的功能需求，这些需求单纯依赖售前和售后团队可能没办法很好地解决，所以针对头部客户，产品经理免不了要上门跟客户直接沟通。在客户实际使用的过程中，也要不断地在企业微信或钉钉等办公工具上直接支持和回答客户的问题。客户的需求复杂且多样，所以客户的支持工作是人工智能商业化产品经理工作的重要部分。

另外，人工智能市场仍处于"一边培育，一边开拓"的阶段，各大服务提供商为了更好地培育市场及客户，经常会组织大型的线下技术分享会或沙龙，比如阿里云定期举办的云栖大会。这些大会的主导方一定是运营团队，但是产品经理需要跟运营团队一起制定每一次运营活动的宣传主题，而且需要提供相关的宣传材料，甚至要亲自去各个沙龙为自己的产品站台，这也在无形中消耗了许多精力。

1.3 人工智能产品新人如何上手

本节主要分享作者对新人产品经理如何上手这个问题的一些看法。首先抛开一切条件来讲，万事开头难，任何一个岗位从零开始做都会面临很多困难，解决问题的第一步是要把问题进行拆解。对于"产品新人如何上手"这个问题，本书会从两个方面进行剖析，分别是产品经理自身及产品。对于"产品新人"的这个"新"字也有不同的解释，如新人可以是校招刚入职的产品经理，也可以是从其他岗位转型过来的产品经理。对于产品本身也有两种解释，可能这个产品是一款新研发的产品，也可能这个产品是一个已经成熟的产品。所以，本节将从以下 4 个方面阐述产品新人如何上手的问题，包括"校招产品经理如何上手""如何转型成为人工智能产品经理""新人如何伴随新产品成长"和"新人如何在成熟的产品体系中找到位置"。

1.3.1 校招产品经理如何上手

作者每年都会被安排去带一些校招的新人产品经理上手，从作者个人的感觉来说，校招产品经理是最难带的，校招新人自身往往也是最挣扎的。为什么说校招的产品经理，特别是人工智能商业化产品的校招产品经理特别挣扎呢？先要从选才标准来分析。

1.3.1.1 校招产品经理的选才标准

对于校招产品经理来讲，每个用人单位或每个招聘者都有自己的要求，从个人的经验来讲，作者认为一个校招产品经理需要具备 3 个必要条件及 1 个加分项，如图 1-13 所示。

图 1-13 校招产品经理的特性

首先要具备专业能力，从对人工智能商业化产品经理的要求来说，需要了解人工智能技术的基础知识以及与产品设计相关的基础知识。其实这两个要求从一定程度上讲是相悖的，因为如果应聘的候选人是计算机或人工智能方向的，那么他一定具备了技术基础，但是却没有学习过产品交互设计。如果候选人是产品交互设计专业毕业，往往又缺少技术基础。所以对于专业能力这一点，通常只能在产品设计和技术背景两个要求中选取一个侧重方向，并且要求校招新人具备较强的自我学习驱动力，这样可以在日后的工作过程中通过不断学习来提升薄弱的环节。当然，产品经理作为项目开发和运营过程中的重要成员，一定要具备优秀的语言表达能力。

另一个加分项，既然招聘的是商业化产品经理，当然需要产品经理具备商业直觉，需要了解整个市场的基本游戏规则，了解商业模式。但是，校招的应届生是极少具备这些能力，虽然部分同学可能在上学过程中接触过一些项目，但是一般都是作为技术提供方，并不是作为商业主导方去执行项目。所以商业化的直觉对于校招应届生来说是一个很大的门槛。

总结一下为什么在人工智能商业化产品经理这个岗位上，校招同学比较难上手。首先，在基础能力方面，校招同学往往在产品设计能力或人工智能技术基础能力方面存在一些知识盲区。其次，校招同学通常没有经历过商业化产品和商业模式设计的锻炼，需要在工作中逐步培养。

1.3.1.2 如何完成职场冷启动

前面介绍了产品经理比较难上手的原因，接下来要介绍作为一名校招产品经理，如何克服困难完成职场的冷启动。

1. 脸皮要厚，嘴要勤

作者接触过的许多刚入职的校招同学都存在这样的问题，刚出校园，来到一个陌生的工作环境后不太敢跟其他同事接触。这样会非常难以开展工作，因为产品经理是一个需要跟各个职能部门协调的岗位，需要不断地沟通。作为职场的新人，建议多提问，"脸皮要厚"。当然，提问要讲究技巧，尽量在不影响其他同事正常工作的情况下提问，另外要学会自我归纳和总结，争取问一些"有营养"的问题。

关于提问，尽量不要遇到问题就问，要先思考，找材料，总结归纳出一些疑问，然后再提问，提问的合理路径和不合理路径如图1-14所示。

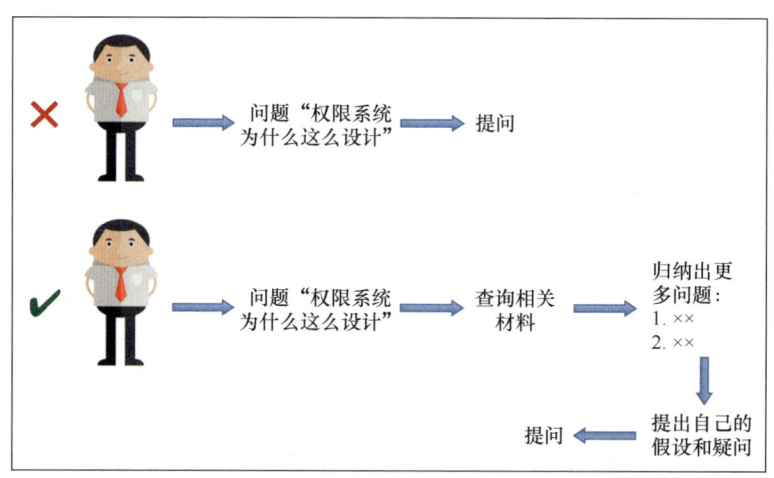

图1-14　提问技巧

假设遇到"权限系统为什么这么设计"的问题，这是一个ToB商业化产品经常遇到的问题，这个问题其实很宽泛，讲几小时都讲不清楚。如果直接向其他同事问这样的问题，对方很难一下完整地回答，另外如果提问方没有充分的背景知识储备也很难充分吸收这方面的内容。建议当你遇到问题的时候，先去查找相关的材料，把一个大问题拆解成更多小问题，拆解问题的过程也是自我学习的过程。针对拆解出来的一些小问题，先要有自己的假设和疑问，先站在自己的角度分析这些问题，如果有想不明白的点，最终可以带着自己的假设和疑问向其他同事请教。

2. 不要坐以待毙，多见多听

前面讲了很多校招的应届毕业生缺少商业方面的背景。那么如何弥补这方面的知识呢？那就要"走出去"——多见客户，多了解客户。商业化市场有这样的一个特点，就是任何一个产品所面对的市场都可以拆分为很多垂直领域，每个垂直领域都有各自的特点。医疗、教育、游戏等主流的商业领域，都有各自行业独特的属性和规则，想要了解这些知识需要时间去沉淀。对于商业化产品经理而言，一定要明确自己的产品在各个行业的打法，并且制定有效的策略。了解行业的最好方法是多跟客户接触，客户是最好的老师。

作者建议每个人工智能商业化产品经理都要每周至少拜访一家客户，保持对于每个行业的好奇心，并且保持对每个客户的同理心。对于新毕业刚入行的商业化产品经理，要抓住所有机会跟销售或其他产品经理到客户现场走一走。一开始可以少发言，多聆听客户的需求，多感受销售人员的策略和打法，慢慢沉淀自己对整个行业的认知。

3. 多做一些"脏活累活"

每个岗位都有一些复杂度低、重复性高的工作，这些工作往往都是大部分人员不愿意主动承担的工作，比如写文档。写文档应该是许多产品经理的痛，很多产品经理都不愿意花时间去做这种看上去缺乏技术含量的工作。对于一个校招新人来讲，这些"脏活累活"都是很好的切入点。

因为一个校招同学刚入职通常会缺乏归属感，不清楚自己应该去做什么，也没有一个完整的功能模块去承担。这些"脏活累活"可以是很好地入手点，以写文档这件事情为例，校招新人经理可以通过写文档更好地从细节去了解整个产品，是一个快速沉淀业务知识的过程。站在另一个角度讲，新人要快速融入环境，最好的方法是力所能及地分担团队的压力，而主动承担写文档这种枯燥乏味的工作，可以更快得到团队其他成员的认可，为自己树立吃苦耐劳、认真工作的形象。

4. 时刻保持学习的态度

新入职的应届生一定要保持对新知识的渴望。以基础背景知识的学习为例，作为人工智能产品经理，必须了解人工智能领域的引擎、框架、算法、模型服务这些基础背景知识。有些新人可能是从人工智能相关专业毕业的，对于行业技术有一定认识，但是校园里学习的一些内容跟实际商业化的场景还是有差异的，一定要保证对于相关新技术、新产品的学习。如果非要设置一个量化目标，建议大家在最开始的一年，每天最好能保证 2 小时的学习时间。

学习渠道有很多，可以多翻阅团队的学习资料，多关注业内的一些科技文章，多了解竞品的一些动态。最好可以养成记笔记的习惯，每天给自己固定的学习任务，并且通过书面形式详细记录下来。一定不要因为进入职场了，走出校园了，就放松了对新鲜知识的吸取。

1.3.2　如何转型为人工智能产品经理

在 IT 行业，有一句话叫作"人人都是产品经理"，所以 IT 行业各种岗位的新人在考虑转型的时候，通常的首选都是产品经理。因为人工智能产品经理对于技术背景有一定要求，所以目前在这个垂直领域，大部分转型来的新人的原始岗位都是与技术相关的岗位。本节会重点介绍如何转型为人工智能产品经理，重点介绍如何从开发岗位转型过来，转型过程需要做出很多转变，如图 1-15 所示。有两个要点可以分享，分别是"转换思维模式"和"不要轻举妄动"。

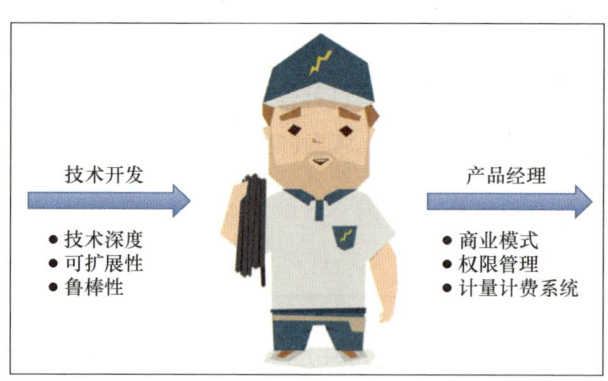

图 1-15　开发岗位转到产品经理

1．转换思维模式

开发岗位和产品岗位最大的不同就是思维模式的不同。开发做的事情像钻头，要不停地深钻技术难点，思维是走向深处的，但更多的是被动地接收需求。产品岗位更多的是让功能被更多人所接受，思维活动是向一个平面发展，更多的是靠主观能动性。这句话看上去很抽象，下面举几个例子说明。

首先，如果从开发人员转型成产品经理，沟通方式会发生很大变化，会增加非常多的电话会议、邮件、线下会议等。当然，开发人员在工作中也有很多沟通，但开发层面的沟通通常比较被动。产品经理要主动发起很多沟通，而且是沟通中的主角，要主导会场。开发人员更多地依赖智商解决问题，而产品需要更多地依靠情商。所以，如果是内秀型的开发人员，不建议转做产品经理岗位。

其次，做事情的模式要有很大转变。做开发更多的是拿到需求，然后考虑实现，其实是一个相对被动的接收过程。产品经理的工作模式截然不同，要学会"无中生有"，得奔着收入或用户量这类数字找突破口。可能需要主动地跟各种利益相关方合作，跟各种前后方团队建立统一战线。对商业化或用户增长不感兴趣的开发人员，转型也会比较困难。

最后一点，压力可控性方面。做开发岗位，压力更多的是能不能按时开发好需求，其实这个进度很大层面是可控的，大不了做得慢了就多花时间。产品经理的压力更多的是来自对营收或客户数的考核，这些数字真的很难做到可控，比如遇上经济下滑的年份，可能所有客户都在减少IT投入，这样商业化产品的营收目标将难以实现。另外，产品经理每次执行功能设计的时候，心理压力是非常大的，会担心开发出来的产品或功能最后拿不到结果，白白浪费产品研发的人力。

所以从开发岗位转型为人工智能商业产品经理，需要在沟通能力、主动探索商机能力以及抗压力方面有所加强。

2. 不要轻举妄动

有些人员转型到产品经理的动机是因为觉得这个岗位比较简单，不用写代码，没那么累。如果因为这个原因而转型，最终结果可能不会特别理想。

开发人员在实现功能的视角与产品经理设计产品的视角是截然不同的，这就造成开发人员和产品人员在产品认知上可能会产生分歧。在工作过程中，经常会听到开发人员谈到产品经理的某些设计无厘头。有时，这里面可能存在一些理解上的偏差，因为一个产品不光是大家在功能层面看到的东西，还有底层的权限系统、计费系统、上层的售卖体系、运营体系等。所以，如果想转型，请先把自己正在做的这一套产品的整个生态体系了解清楚，想清楚产品运作中的商业原理,可以向身边的产品经理取取经。每个产品真的不是只有表面功能那么简单,背后的商业逻辑才是真正要探究的。

所以奉劝大家在考虑转型产品经理之前,要对这个岗位做充分的分析,考虑自己是否能在转型过程中生存。当然,一旦转型成功,就可以更多地接触业务,可以更直接地了解技术如何转变成产品,产品如何转化成商品。

1.3.3 新人如何伴随新产品成长

通常情况下,新人产品经理负责新产品是比较少见的。对于产品经理自身来讲,如果能在刚入行的时候就从零开始负责一款产品,既是机会也是挑战。说是机会,是因为产品经理就是每个产品的经理人,跟产品有一荣俱荣的关系。如果能从零开始把一款产品从工具做成产品,再从产品做成商品,甚至进入 Gartner 象限(可以理解为商业化产品中的奥斯卡奖),那么对于产品经理自身也是一个很好的成长过程。说是挑战,是因为在竞争激烈的市场中,每个商业化产品想脱颖而出,都需要面对许多竞品的竞争,这些竞品往往都有多年的沉淀。如果是新人产品经理负责新产品,从了解市场到吃透市场规律,到设计出有市场竞争力的产品,可能需要一些时间、耐心和运气。

那么在这种困难的情况下,该如何继续推动产品向前走呢?第一点是向竞品学习。一款产品如果想在残酷的市场竞争中占有一席之地,首先要在基础能力上与各个竞品持平。作为新人产品经理,不要妄想能通过一个天才的想法或者创新的设计模式推动一款产品快速赢得市场。一定要先向竞品学习,掌握市场中其他航道的产品的特点和商业模式。这种做法也是相对稳妥的方法,对外可以保证不被竞品拉开距离,对内可以更好地说服开发团队,争取更多的资源支持。

第二点,培育种子用户,进一步收集需求和用户痛点。当学习了其他竞品,并且确定了新产品的架构之后,就要考虑如何在市场中谋求一席之地了。客户的业务是检验产品的最佳途径,一定要通过一些机制获取种子用户,如果产品功能上没有优势,就要考虑通过运营策略、商业策略解决问题。比如,可以给客户承诺一定的人工支持资源,或可以给用户一定的免费额度。一旦获取了种子用户,就要尽量多地与客户沟通,获取更多的客户需求和客户痛点,这时产品经理会对市场有更全面的认识。

第三点，通过微创新找到突破口。不建议新人在市场初期对产品做非常大的改造以区别于竞品，最好是从微创新做起。通过种子客户的反馈，不断找到使用这个产品的客户的痛点，然后梳理出具有普适性的痛点。针对这些痛点下手，有的时候一个文档、一个脚本就能解决一个领域的用户的共性问题。以机器学习平台的产品为例，机器学习的全流程包含数据预处理、特征工程、模型训练、模型评估、模型上线，假如业内大部分产品是因为没有灵活的工程工具而导致链路出现阻断，那么就可以考虑在工程方面做些创新和提升。这些微创新点一旦积累起来，就形成了撬动市场的杠杆，成为赢取客户的抓手。

做到以上三点之后，产品经理自身也会蜕变，产品也会成为具备市场竞争力的产品。这个过程可能很艰难，但是希望所有的产品经理在开始构建新产品时都能一切顺利。如果遇到坎坷，甚至产品下线也正常，一定要以积极的心态去面对，就当成一次对行业的深入认知。

1.3.4 新人如何在成熟产品体系下找到位置

对于绝大多数人工智能产品经理而言，生涯的开端应该都是从一个已经比较成熟的产品体系开始的，特别是入职到大企业的产品经理。这些产品经理遇到的问题就是如何在一个相对成熟的产品体系中找到自己的位置，发挥自己的作用。

因为每个人的背景不同，可能切入点也不相同，作者建议大家发挥自身的优势，尽量做自己擅长并且能闪光的事情。假如你比较擅长沟通，那么就可以主动提出来承担更多的用户关系维护和客户售前沟通；假如你比较擅长技术，那么就可以帮忙做些售后的答疑工作；如果你比较擅长产品的交互设计，可以帮忙提升整个产品的用户体验。总之，任何一个产品经理如果想在一个成熟的产品体系下生存，一定要首先确立自己的发光点，减少其他同事的负担，同时又对产品的发展有所贡献。

在一个成熟体系内，比较忌讳的是在不充分了解背景的情况下对产品功能指指点点。有很多产品经理一入职到成熟产品体系下，就开始提各种改进意见，这种方式容易造成同事间的误解，因为我相信对于绝大部分成熟产品来说，每个产品功能都是经过认真设计的，可能其中确实存在可以改良的空间，但是一定要在充分了解所有产品细节和背景的基础上再发表自己的意见。

另外，对于一个成熟的商业化产品体系来说，一定已经存在了一条相对稳定的产品商业化输出链路。通常，商业化产品的售卖链路如图1-16所示，销售负责与客户接触发现商机，售前工程师负责为客户提供一些整体方案性的技术支持，产品经理负责提供更细粒度的产品使用支持并且基于客户痛点提炼需求，一旦商品在客户业务中落地，售后工程师就负责做一些售后技术支持。作为商业化产品经理中的新人，来到团队一定要快速与这些上下游合作的同事建立联系，更多地获取客户端的信息，不要总把自己的工作范围限定在产品和开发团队。跟上下游合作的同事建立联系会比学习一个复杂的产品文档快得多，可能就是在一起吃顿饭或者唱一次卡拉OK的时间。对业务线有深入的了解之后，你就能找到更多业务方面的切入点。

图1-16 商业化产品的售卖链路

以上就是一些产品新人如何在成熟产品体系下找到准确的自我定位的建议。在成熟的产品体系下，产品经理能得到更多专业性的培养，能从更高的舞台开启产品经理生涯，可以加速产品经理的成长。希望每个产品经理都能在成熟产品体系下落地发芽，成为产品新的推动力。

1.4 ToB和ToC产品的主要区别

ToB产品和ToC产品的区别是产品经理圈经常讨论的话题，ToB里的B指的是Business，表示这类产品是直接面向企业用户的，ToC里的C指的是Customer，表明这类产品是提供给个人用户的。ToB产品通常是企业级的应用，比如ERP、CRM等。ToC产品通常指的是平时我们使用的各种外卖、旅游、电影票预定等App。从企业招聘的角度来看，通常对于ToB和ToC的产品岗位是分开招聘的，ToB的产品岗位通常会要求有ToB产品经验的产品经理，ToC产品要ToC产品经验的候选人，这也从侧面反映了两种产品的区别是比较大的。本书就通过产品核心竞争力、"Buyer"和"User"消费对象的区别、竞品间的能力壁垒这 3 个方面介绍这两种产品的区别,以帮助广大读者建立基本的认识。

1.4.1 产品的核心竞争力

从产品要解决的问题的维度来看,ToB 产品和 ToC 产品有截然不同的方向。ToC 产品解决的问题是如何让用户交互链路变方便的问题。以外卖 App 为例,其实从产品功能的角度来看,无论是美团外卖、饿了么外卖、百度外卖,它们的产品功能都大同小异,每次迭代的关键更多的是解决用户交互的问题。排除售卖的商品以及优惠力度等运营因素,外卖 App 的主要区别是如何通过更好的交互让用户更方便地下单。ToC 产品的一大特点是大多数产品不需要用户看说明书就可以自己用起来,大家回想一下第一次使用微信、使用淘票票等 App 的时候是不是直接就可以用起来。

而 ToB 产品要解决的核心问题是客户效率和成本,在此基础上不断优化用户的使用体验。ToB 产品更关注的是核心功能否跟客户的需求完全匹配,通常产品的使用链路会比较长。ToC 产品经常是一个主界面就能搞定大部分的操作,而 ToB 产品使用起来要有很多页面的跳转。用户在使用 ToB 产品的时候,往往更关注功能是否符合需求,即使体验稍微差点,如果能依赖一些售后支持或者产品文档最终解决问题也是可以接受的。但是 ToC 产品,一旦用户使用的过程中遇到不舒服的情况,可能马上就会抛弃产品。

图 1-17 展示了用户在使用 ToC 产品和 ToB 产品过程中的一些体验,一款成熟的 ToC 产品的使用体验是非常顺滑的,用户进入主页面后基本就可以通过交互提示、核心要素的分布判断出主要功能,并且自助使用起来,越使用越顺手。ToB 产品在使用过程中,需要跟客户自身的企业业务做很多磨合,经常会遇到各种不兼容的问题,遇到问题就要通过售后咨询或者查阅文档的方式去解决,基本上在使用的初期需要趟过很多"坑"才行。

综上所述,ToC 产品更多的是卖一个好的产品体验和交互流程,产品经理需要更多地关注如何让产品功能使用顺畅。而 ToB 产品的核心是如何帮助客户提升效率,更多的是售卖服务,ToB 产品经理除了要把准备实现的功能产品化,也要注重产品的售前培训、售后支持以及文档,把所有的产品功能、文档、售前/售后支持打包成最终给用户交付的形式。

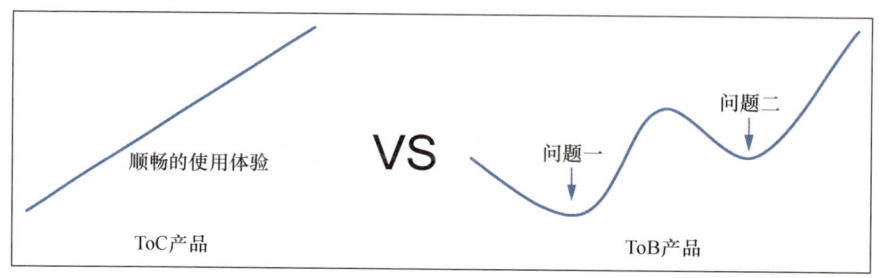

图1-17 ToC产品和ToB产品的用户体验曲线

1.4.2 Buyer和User的区别

产品经理在设计功能的时候一定要区分这个功能是提供给客户(Buyer)还是用户(User)的,Buyer指的是实际为产品付费的人,User指的是产品的实际使用用户。ToC产品和ToB产品的一个本质区别是面向的Buyer和User不同。

对于ToC产品来讲,Buyer和User是同一个人,例如手游App,实际参与使用App的用户也是最终充值消费的用户,所以在设计ToC产品的时候,不太需要把每个功能和付费途径做拆解,只要保证用户在具体使用产品的过程中可以顺畅地进行消费即可。

而对于ToB产品来讲,Buyer和User往往在企业是不同的角色。

(1) Buyer是决策链路的核心

通常决定是否购买一款产品的人是公司的CTO或者CEO,决定购买的人是产品的客户,CTO和CEO更关注产品使用过程中的消耗以及是否能节约人力。也就是说无论是产品设计还是最终产品的营销策略,核心的问题是要提升Buyer的满意度,因为Buyer是决定是否购买的最关键因素,User更多的是从使用层面去影响Buyer。

如果想取得Buyer的好感,首先要在售卖模式上做文章,产品的售卖是否能做到资源用量可控。比如大部分企业都是预算制,每年在某个部分的消费是提前规划好的,如果产品的售卖模式包含预付费(包年或包月)模式且包含按量付费模式,那么Buyer在做资源预估的时候就会有更多余地。另外,CTO

和 CEO 很关注产品在使用过程中的效果和消耗，也就是俗称的投入产出比。很多 ToB 产品都会为客户设计一个看板用来观察产品的实时具体价值，这些产品的设计都是对 Buyer 友好的。

（2）User 决定了产品的业务深度

既然 Buyer 是决定产品购买链路最核心的因素，那么 User 的体验是否就不重要了？显然不是。让 User 体验感好，是一个产品能否在一家客户做得更深入的关键。User 是产品的实际长期使用者，也是产品后期付费的推动者。如果 User 验证了产品功能确实能提升自己的效率，自然会给 Buyer 提供一个针对产品的正向反馈，这种反馈是产品后期能否得到续费的关键。

其实产品绝大部分的功能是要针对 User 设计的，提升 User 好感的方式也有很多种，比如在 User 使用产品的整个链路上，ToB 产品往往会增加很多文档类的引导，目的就是提升 User 的好感。很多 ToB 产品也会把 User 和 Buyer 的使用路径通过权限做隔离，Buyer 会看到更多与产品报表相关的内容，而 User 则更多地看到产品功能性的内容。

（3）产品购买链路中 User 和 Buyer 之间的矛盾

User 受雇于 Buyer，那么在购买决策链路中，他们之间是否也会存在矛盾呢。在许多 ToB 产品的场景下，User 和 Buyer 之间是有一定矛盾的，比如人工智能算法平台这样的产品，目标客户的 Buyer 一般是互联网公司的 CTO，User 是算法工程师。算法工程师在公司中的使命一般是开发和使用算法去解决诸如智能推荐或智能风控这样的业务问题。如果 Buyer 买了算法平台这样的产品，某种意义上会替代原先算法团队的工作，这是否意味着 User 的工作量小了，团队价值也就没有以前那么大了。所以为了同时满足 User 和 Buyer 的需求，产品在设计和宣传时要注意不要一味地强调替代某些人的工作，而是要把产品功能的核心放到如何去提升他人工作的效率上，这一点对于 PaaS 层的产品尤为重要。

以上是一些针对 Buyer 和 User 不同的产品设计理念和营销方向的分析，也是 ToB 产品和 ToC 产品的主要区别之一。

1.4.3 竞品间的能力壁垒

ToB 产品和 ToC 产品的另一个重要的区别就是面对竞品时的能力壁垒。

我们可以观察一下，在 IT 行业内，很多做 ToB 产品的公司是可以发展很久的，比如 IBM、微软等。而做 ToC 产品的公司，例如 FaceBook、Airbnb 等都是近十年兴起的巨头。这也从侧面反映出 ToB 产品相比于 ToC 产品更容易做出能力壁垒，更新迭代更慢，ToB 产品一旦占据了市场，是很难被替代的。

在前面产品核心竞争力的章节也提到过，ToB 产品提供给用户的更多的是服务，服务包含售前、售后、文档、产品功能等多个方面，建立这一套完整的体系是需要经历很长时间打磨的，所以做 ToB 的产品经理要耐得住性子，一点点地打磨产品才有可能得到市场的认可。而 ToC 产品获取市场的方法要简单粗暴得多，通过购买流量、让利等方式可以快速获取用户，然后通过快速迭代产品功能的方式实现对市场的占领。

综上所述，ToB 产品更重要的是对商业模式的经营和核心功能的打磨，一旦占据了市场领先地位，将比较难被替代，试想一个公司的 CRM 系统被替代需要付出多少的代价？先要把数据转移，然后还需要适配各个系统。而 ToC 产品通常是通过快速迭代的方法打开市场，各家从产品功能层面区分不大，比较经典的案例就是"百团大战"，市场上居然几个月内能出现几百个功能相似的团购网站，大家比拼的更多的是运营手段。所以，竞品间的能力壁垒是 ToB 产品和 ToC 产品的主要区别之一，与 ToC 产品相比，ToB 产品的壁垒更高，壁垒建立的周期也更漫长。

1.5 人工智能商业化产品的生命周期

本节介绍人工智能商业化产品的生命周期，以及各个阶段产品经理工作的重点和可能遇到的问题。首先，绝大部分商业化产品的发展过程都会经历以下几个生命阶段，如图 1-18 所示。

图 1-18　商业化产品发展过程

通常情况下会先有需求，然后为了满足需求而开发出对应的工具，接着不断地丰富工具的能力，当工具可以覆盖某个领域的需求之后把工具进化成公

1.5 人工智能商业化产品的生命周期

测产品，当公测产品得到市场认可后可以演化成商品。对于绝大部分产品，可以商业化售卖并且实现盈利就达到最终形态了。有部分商品在商业化后开始做平台，借助生态的力量不断扩大自己的商业化范围。本节会结合产品在整个生命周期不同时间段的特点为大家介绍商业化产品经理在不同时间段工作的侧重点。

1.5.1 需求调研阶段

需求调研阶段是产品的初始阶段，这里主要指与产品需求相关的调研。不过个别技术驱动的产品可能没有这个阶段，比如一些互联网巨头在自身业务发展过程中已经积累了一些技术，把这些已经存在的技术做成产品就会略过需求调研阶段。不过对于大部分产品来说，都需要遵循先挖掘需求，做好市场调研和用户需求分析工作，再探索技术，最后把技术封装成产品的规律。

需求调研的核心是明确需要解决的问题，比如要做一个利用人工智能技术自动识别花的 ToB 服务。那么产品经理首先要考虑的是如果要实现这么一款商业化的 ToB 产品，用户关心的是哪些，最终的交付形态是什么样，最终的计费模式是怎样的，这款产品的市场核心竞争力有哪些，该重点突破哪些领域的客户。把上述这些问题汇总起来，就能总结出产品经理在需求调研阶段需要重点关注的问题，如图 1-19 所示。

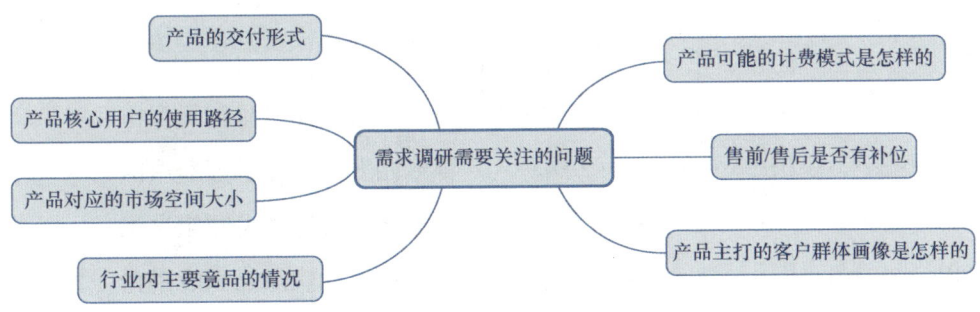

图 1-19 需求调研阶段需要关注的问题

把列出的"需求调研阶段需要关注的问题"全部总结好之后，要产出一个文件，文件里需要明确每个需求调研的内容，最好以数字化的方式量化。最终把文件汇总，以报告的形式给内部的决策者以及开发人员进行讲解。从零开始设计一个商业化产品最核心的因素是对外找到赢取市场的机会,这是需求调研的重点工作。另外要对内说服上下游的合作团队,让大家相信产品经理指定的产品设计方案和市场方案是有效的。而说服内部的团队,获取大家信任的关键是"需求调研报告"要有足够的说服力。

1.5.2 工具开发阶段

工具开发阶段通常在产品萌芽阶段,这时候还不能称之为一个完整的产品,因为 ToB 产品一定要有权限管控、资源管理等必备因素。而工具开发阶段更像一个内测,在这个阶段其实不需要有特别好的前端展现和封装,往往就是实现最基本的功能,保证原始技术可以比较便捷的使用,对于产品来讲,是一个非常好的试错阶段。

产品经理在工具开发阶段需要做以下工作,首先需要设计并确定产品的核心用户体验路径,不需要特别细致,比如某个按钮的位置不需要太考究,先把核心路径用最小的代价建立起来。因为产品在工具阶段,往往只是内部使用而不会对外开放,而且功能并没有精细的包装,开发试错成本较低。这个时候产品经理需要对产品的核心能力进行拆解,把功能分为核心功能和一些探索性功能,如图 1-20 所示。

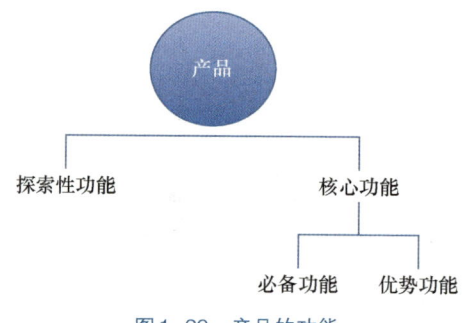

图 1-20　产品的功能

那么探索性功能和核心功能的区别有哪些呢?以造车为例,核心功能包括两点,分别是必备功能和优势功能。必备功能就是所有竞品都具备的功能,比如车肯定要有轮子才可以跑。优势功能是相对于竞品能表现出优势的功能,这种功能是产品经理很确信客户会认可的优势,比如百米加速业内领先、减震性能业内领先。而探索性功能指的是产品的一些不一定能获得市场认可的创新点。在工具开发阶段，是产品经理验证核心功能设计是否符合预期的阶段，同时也要多留一些试错机会给探索性功能，往往一些微创新的探索性功能也是日后商品能否赢得市场的关键因素。

在工具开发阶段上线后，产品经理需要根据内测情况和自己的使用情况，确定最终产品需要具备的功能。并且可以将工具向公司内的高层以及其他合作团队展示，用来获取后期更多的资源支持。

1.5.3 产品公测阶段

技术经过了工具化包装，验证了技术的价值，接着就到了产品化的阶段。对于一款ToB的商业化产品来说，通常需要先进行公测。公测意味着产品即将上线，可以开放给部分种子客户试用。在公测阶段产品经理需要做以下几方面的工作。

1. **设置一个合理的公测周期**

公测产品往往是免费的，免费产品通常不需要承诺客户SLA（售后服务保障），对于客户来讲免费是一把双刃剑。对客户的好处显而易见，客户不需要付出很多的费用就可以享受到产品功能。但是坏处就是如果客户把核心业务搬迁到一个没有SLA的免费产品上，会没有安全感。所以解决这个问题最好的方式就是提前给用户一个合理的公测时间点，承诺在某个时间点之后一定会商业化收费。产品公测的周期通常不建议太久，但是要根据市场和自身资源投入情况而定。一般小功能或者小产品发布，公测不要超过两个月。比较重型的产品发布，公测时间最好不要超过半年。

2. **设定合理的种子客户分布**

在做需求调研的时候就应该确定好每款产品对应的客户画像和人群。在公测阶段，通常有邀请式公测和开放式公测两种模式。如果是邀请式公测，需要产品经理和运营人员一起配合为产品选定合适的公测对象，这个公测对象的选择一定要符合产品经理对市场的预期，比如产品经理设计的产品是面向全行业腰部客户的，公测对象就要多邀请腰部客户，并且不要限制在某个行业。只有公测种子客户设置得合理，才能对后期的公测客户转付费用户有益，并且也能够收集到更多的公测阶段的数据作分析。

3. 收集公测数据和反馈并改进产品

公测阶段其实是产品经理在比较小的成本下最后一次为产品查缺补漏的机会。因为产品一旦商业化，意味着要向客户承诺更多的 SLA，到时候再做产品核心的功能性调整就会相对困难。公测阶段建议每个产品建立一个需求池，用来收集每个客户对于产品的建议。另外要保持跟公测客户的沟通，甄选出高频使用的客户，建立客户关系，收集用户场景。

4. 准备商业化推广材料

如果认为商业化的工作要等到产品正式商业化的时候才启动就大错特错了，任何产品的商业化推广工作都要从公测阶段开始准备。一个产品能否成功商业化不在于功能是否强大，更在于是否能给客户创造实际价值。所以，在商业化产品的推广过程中，如果一味地推销产品功能通常收效甚微。比较好的一种模式是在公测阶段就可以跟公测客户一起梳理场景，形成产品故事，比如"××客户在使用了××提供的人工智能 API 后整体提效 50%，每年节约开发投入 500 万元"。在公测阶段收集好用户故事并且形成材料将是决定一个产品商业化初期是否顺利的关键因素。

1.5.4 产品商业化阶段

商业化产品和公测产品有着明显的区别，商业化产品的一个显著特点是具备计费系统，有一个可执行的商业模式。另外，商业化产品需要形成对客户的保障，也就是 SLA 机制。接下来就介绍在产品商业化的过程中，产品经理需要做的事情有哪些。

1.5.4.1 设计计量计费系统

计量计费系统是商业模式的承载，具体的设计方式在后续的章节会介绍。产品经理需要参照竞品的计费模式，以及自己设定的商业模式去设计计量计费方案。通常计量计费有 3 种方式，按量计费、包年/包月、一次性买断。需要根据自己的产品特点去设计究竟用哪种模式。

1.5.4.2 SLA 保证

SLA 字面意义上是商业化产品为客户提供的一种保障，但通常都是某种赔偿机制。当商业化产品出现故障的时候，客户可以按照 SLA 规定的内容寻求赔偿或者其他解决方案。一款产品的稳定性往往是由开发和测试团队来确定的，但是 SLA 通常由产品经理根据市场的竞争态势、客户的黏性来制定。SLA 不光是一种对客户的保证，某种意义上也是对自身产品的保证。当产品真正出现问题后，SLA 是一种可控的手段，可将损失控制在预期的范围内，这样也可以预防客户漫天要价（索要赔偿）。所以商业化产品经理的一个关键工作点在于设立合适的 SLA。

1.5.4.3　向业务方更进一步

产品经理是技术与客户业务的中间一环。在产品正式商业化之前，产品经理大量的工作都是围绕开发团队展开的，在产品开发阶段产品经理需要进行产品核心功能的设计，周旋于内部团队之间以获取更多的资源。但是产品一经商业化，产品经理就需要走出去，走到业务的前线，与销售和售前工程师站在一起，去跟客户多接触，特别是当产品处于初级阶段，销售和售前工程师可能并没有对产品建立认知的时候，一定要走出去补位。

产品经理能否在业务一线给销售和售前工程师以有力的支持，是一款商业化产品能否成功的关键。补充一点，作为人工智能领域的产品经理，支援前方业务同事显得更为重要。因为人工智能是个新兴领域，很多新技术需要有一定技术背景才能理解，很多前方销售可能对相关内容没有充分的了解，这种情况下更需要产品经理能的支持。

1.5.5　产品生态化阶段

如何评价一款产品是否成功呢？占领了一部分市场份额就算成功了吗？对于某些产品来说，可能商业上的成功就是终点，特别是对一些功能比较简单的偏 SaaS 类服务产品，比如 OCR 这类产品。对于某些偏平台化的服务来讲，特别是机器学习平台这样的人工智能平台类产品，最终的目标可能是生态化。

为什么说一个平台型的产品生态化是终极目标呢？因为一款产品在初期取得商业化的成功，往往是由内因决定的，可能是开发团队有更先进的技术，可能是产品经理找准了方向，也可能是市场运营效果好。但是随着产品的发展,服务的客户越来越多,对于功能的需求也越来越多,依靠有限的开发人力是很难满足不断增加的客户需求的。

举个例子,假设做一个人工智能算法平台,随着客户需求的增长,可能需要不断地提供各种算法,但是开发算法的周期很长,很难通过一方产品的人力满足用户各式各样的需求。这个时候为了进一步推动产品的演进,可以考虑将产品做生态化转型,比如开放一些上传算法的功能给客户,让平台上的客户既可以做算法消费者,也可以做算法贡献者。对于算法贡献者提供一系列的扶持手段,比如可以采用分红、增加流量支持等产品运营模式,提升算法贡献者的积极性。这样一来,可以依赖生态的力量对产品能力进行补充,可以让产品越做越大。

生态化的产品设计方案比较适合平台型的产品,当产品真正实现生态化后,会有自造血的能力,不断滚雪球,将产品的用户群扩大,实现更高的商业追求。

1.6 本章小结

本章作为全书的第一章,作者希望通过这一章的内容让读者从人工智能行业、产品经理的工作职责、商业化产品的特点这3个方面对整个人工智能产品经理的行业有基本的认识。1.1节主要介绍了人工智能技术的发展历史以及目前人工智能市场的现状。随着相关技术的日趋成熟,整个人工智能行业将迎来爆发式的增长,行业将从过去的技术驱动转向业务驱动,未来几年的核心将是如何让人工智能技术在更多的行业落地,这也造就了人工智能商业化产品经理的巨大缺口。

在产品经理的工作方面,作者重点介绍了人工智能商业化产品经理的工作职责,介绍了产品经理的主要工作包含哪些方面。另外也单独用一节介绍了新手人工智能产品经理如何上手,分别介绍了校招产品经理如何上手、技术人员如何转型成为产品经理、新手如何伴随新产品成长、新人如何在成熟产品体系下找到位置。

在人工智能商业化产品方面,介绍了 ToB 产品和 ToC 产品的主要区别,主要体现在产品核心竞争力、"User" 和 "Buyer" 的区别、能力壁垒这 3 个方面。另外也介绍了人工智能商业化产品的整个生命周期包含哪些环节,分别介绍了需求调研、工具开发、产品公测、产品商业化、产品生态化这 5 个产品生命阶段的主要目标和工作项。

本章帮助读者梳理了人工智能产品经理的职责和产品建设流程，后续的章节将会针对其中比较关键的模块进行详细介绍。

1.7 解惑答疑

在本章中，大家可能比较关心的几个问题总结如下。

问题 1：开发人员如何转型成产品经理？

答：首先在转型前要想清楚自己是否适合产品经理这样的岗位，做好转型期可能会遇到一些困难的准备。最关键的是要转换思维，从业务视角去审视自己做的事情，站在产品的商业模式、计量计费系统、市场和客户的需求角度去更多地理解产品。

问题 2：ToB 产品和 ToC 产品的最大区别是什么？

答：作者认为 ToB 产品和 ToC 产品最大的区别在于 User 和 Buyer 的区分。ToC 产品的 User 和 Buyer 是同一个人，而 ToB 产品的 User 和 Buyer 是不同的人。User 和 Buyer 看问题的角度不同会造成产品在建设过程中，需要针对 User 和 Buyer 有不同的功能和售卖策略的划分。同时，能否洞察每家客户 User 和 Buyer 间的矛盾，也是产品能否驱动客户采购意向的关键。

问题 3：现在入行 AI 产品经理是否来得及？

答：随着国家 AI 新基建策略的提出，未来人工智能技术会向更多的传统产业输出，输出的主要模式是通过商业化的产品。所以，未来几年需要越来越多的人工智能产品经理，现在入行，大有可为。

第 2 章
人工智能产品经理的基本技术能力

2.1 产品经理需要懂技术吗

在互联网领域一直存在着这样的一对博弈，产品经理与开发人员，产品经理经常会问开发人员"为什么这么简单的功能都实现不了"，开发人员则会质疑产品经理不懂技术瞎指挥。

针对产品经理是否需要了解技术这个问题，许多人有不同的说法。有一种说法是，如果产品经理非常了解所在领域的技术，那么在他的潜意识中会意识到产品功能所能达到的边界，这种边界会制约产品经理的想象力。另一种说法是如果产品经理对技术有一些了解，可以减少产品经理与开发部门的沟通门槛，提升沟通效率。换一个角度去看这个问题，其实产品经理要做的事情是在用户想要功能的和技术能实现的范围找到一个平衡点，最终产品经理要为产品能否落地负责，如图 2-1 所示。

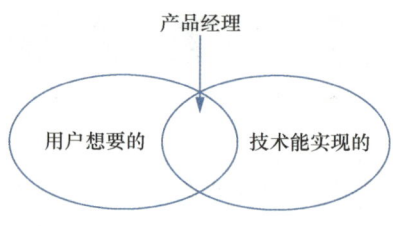

图2-1　产品经理的责任区间

针对产品经理是否需要了解技术这样的问题，如果把范围缩小到人工智能商业化产品经理这个范畴，作者认为产品经理必须懂技术，甚至要熟悉算法、框架的一些底层实现，这也是本书为什么有独立的章节专门介绍与人工智能相关的技术体系和理论。接下来作者要分别阐述人工智能商业化产品经理了解技术的好处以及需要注意的一些关键点。

2.1.1　了解技术的好处

了解技术可以让产品经理更好地服务客户，并且也能提升与开发部门沟通的效率，甚至可以促进团队互信，接下来将对了解技术的好处展开介绍。

2.1.1.1　更利于服务客户

作为产品经理，重要的使命是将技术产品转换为商业价值。人工智能行业是近年来逐渐兴起的领域，产品经理在拓展市场的同时往往也肩负着培育市场的职责。平时的工作少不了与客户的交流，当产品经理带着产品介绍PPT来到客户现场，面对的往往是实际准备使用该产品的技术团队。除了一些基础的产品功能演示和产品介绍外，还要给客户提供一些技术上的指导，这是人工智能行业的特点，需要"一边培育市场，一边开拓市场"。

举一个简单的例子：比如有个客户要做一个推荐系统，绝大部分客户会询问在推荐场景下可以提供哪些算法。如果是一个不太了解技术的产品经理，可能只是罗列一些目前产品已经支持的算法名称，但是只是单一地罗列功能并不足以打动B端客户。懂算法的产品经理可以根据客户的具体场景帮客户选择合适的算法，例如客户目前的主排序模型用的是LR算法，LR算法在模型可解释性层面很好，但是在推荐这样的离散数据的分类场景下，配合GBDT这样的树状模型有可能会对结果有更大的提升。

如果产品经理可以跟客户有更多的技术交流，会更多地获得与客户之间的同理心，增进彼此之间的信任。有些人可能会问？既然跟客户沟通需要涉及技术，为什么不带着技术人员一起去？因为B端产品经理需要频繁地拜访客户，通常情况下很难找到稳定配合的技术支持同事，另外客户一旦使用了产品，后续有大量的支持工作。而用户交互层是产品经理设计的，如果产品经理可以理解底层的部分技术细节，可以更方便地在ToB场景下快速定位问题并解答客户的疑问。

2.1.1.2 更利于与研发部门沟通

除了上文提到的跟客户打交道获取需求以外，产品经理的最核心任务是与开发团队合作沉淀产品化的功能以便支持客户。在跟开发团队的沟通中要建立与开发人员的同理心，这里的同理心指的是产品经理与开发人员对产品要有一致的理解和认知，同理心的建设是产品功能可以稳定迭代的关键，如图2-2所示。

在跟客户打交道时，客户往往会从业务需求的角度出发讨论问题，而在面对同样的问题时，开发人员往往会从底层实现的角度去讨论。如何把客户对于业务的诉求转化为技术人员方便理解的技术点，是产品经理作为业务人员和技术人员中间环节的关键作用，如图2-3所示。

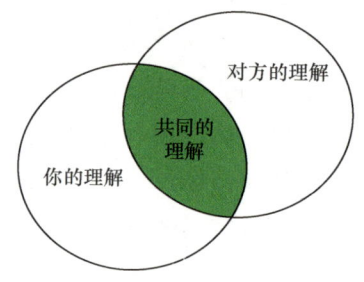

图2-2　与客户建立同理心

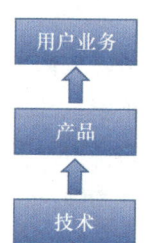

图2-3　产品经理作为业务和技术的夹层

这里举一个例子，比如客户需要实现一个图片分类系统去做实时的电商图片分类。如果产品经理不太了解算法或者相关技术，可能直接把图片分类这样一个需求交给研发团队去开发。但是，实现图片分类功能其实是有非常多限制因素的，比如客户的图片尺寸是否一致，这一点就会涉及在产品功能的实现过程中是否需要做一些尺寸的归一化。又比如用户的图片场景都是单纯的每张图中出现一个对象，还是每张图涉及多个对象，这又涉及实现后端功能的时候是按照图片分类场景处理还是目标检测场景来处理，这两个方向对于后端算法的要求差别非常大。如果产品经理可以对模型和技术有一些了解，可以在跟开发人员的需求沟通中给开发人员更准确的建议，这样整个项目组的开发进度会大大提速。

2.1.1.3 促进团队互信

产品经理是一个夹在开发人员以及用户中间的角色，也是一个产品团队的外交官，是开发团队在外的代言人。当产品经理跟开发团队长期合作的过程中，产品和研发之间的信任和默契指数尤为关键。对开发人员来说，这个信任的建立往往取决于产品经理对这个领域的技术是否了解。

在开发团队中，经常会听到这样的抱怨："这个新来的产品经理，什么技术都不懂，还整天提一些没法实现的需求。"这种抱怨的发生很多时候是因为开发人员和产品经理之间缺少互信，而这种互信需要长久的沟通来培养。比如产品经理能否经常参与一些技术团队的会议，在会议中能否参与技术层面的讨论，并且给出一些业务层面的反馈。这样，久而久之，开发团队会更信任产品经理，整个团队的生产和开发效率也会提升。

2.1.2 产品经理如何学习技术

前面已经介绍了了解技术对产品经理的重要性，所以本书旨在构建人工智能商业化产品经理的完整技术栈，也会专门在 2.2 节介绍与人工智能相关的技术点。除了学习本书提供的与技术相关的资料，平时要如何学习才能赶得上不断迭代的人工智能技术呢？这里有几种方式可以与大家分享。

2.1.2.1 多参加组内的技术分享

绝大部分企业会有定期的组内技术分享，作为团队的产品经理，可能不一定要对技术细节了解那么多，但是可以去分享会泛泛地听一听，一方面了解开发人员最近在做什么技术方向，另一方面也是增进产品经理与开发人员关系的一种方法。在会上可以尝试去学习一些基础的技术知识，为日后与开发人员沟通和用户交流做技术储备。

2.1.2.2 针对重点方向跟进一些期刊会议

其实人工智能真正落地的方向比较有限，无非是图像识别、语音识别、智能推荐、风控等几个核心场景，这些场景都有对应的会议期刊，每年最新算法的发布都会在这些期刊中检索到。假如产品经理负责的产品是跟智能推荐算法相关的，那么就很有必要了解 RecSystem 这个会议每年最新的论文，可能不需要完全领会论文中每个公式是如何推导的，但是对于推荐领域比较主流或比较流行的算法要有所掌握，例如 DeepFM、Wide&Deep 等算法都会在这类会议中被率先提出。

2.1.2.3 日常多关注一些 AI 媒体

目前市面上有非常多的与人工智能相关的自媒体平台，比如"机器之心""量子位""凡人机器学习"等，建议每天早上来到公司第一件事是浏览最新的与人工智能相关的资讯，了解技术和整个市场的动向是产品经理的必备功课之一。

2.1.3 如何划分技术和业务的边界

回到本章开篇提到的一个观点"有些人觉得产品经理了解技术会限制产品经理的想象力"。作者认为真正限制想象力的不是技术，而是思考问题的角度。

在开发团队中，大部分人的使命是完成一个功能的上线，开发人员思考的角度一定是自己实现的功能能否满足产品经理提出的需求。而用户想要知道的其实是业务能否通过产品完成落地并产生好的效果。这时产品经理一定要把自己的位置定位为用户的代言人，不要因为自己了解底层技术团队在某个功能点上实现有困难，就选择一味地妥协，一定要坚持到底，为用户负责。所以如何划分技术和业务的边界，要求产品经理对于需求有很好的理解，既要以用户视角看问题，也不要提一些完全无法实现的需求。

针对技术和业务边界如何划分，作者总结了一些方法与大家分享。需要将用户的需求分级处理，拿着分级的需求与技术人员"谈判"。如图 2-4 所示，把需求在心理上分为 3 个级别，每一个级别的需求不必落实到纸面，只是在心理进行分级。

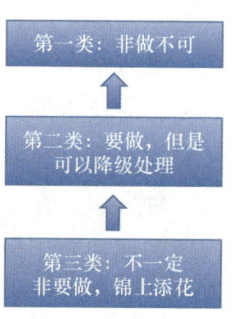

图 2-4 需求分级

2.1.3.1 第一类：非做不可

把这种需求定义为一定要严格按照自己的想法去实现的需求，是用户最核心的诉求。比如用户觉得目前的核心问题是没有懂算法调参的人。如果解决这个问题用户一定愿意买单，那么 AutoML 自动调参就是一个"非做不可"的需求，没有讨价还价的余地，一定要让开发人员按照产品经理的想法去做。

2.1.3.2 第二类：要做，但是可以降级处理

这类需求在提交给开发人员之前，产品经理要有这样的心理预期："开发人员实现起来比较困难，我可以接受一定程度的降级处理"。比如用户要某个服务的时延不能超过 50ms，在提需求的时候可以给开发人员提服务要求不超过 40ms，开发人员如果觉得技术实现太难，那就可以接受将时延降级到 50ms。

2.1.3.3 第三类：不一定做，锦上添花型需求

这部分需求也是客户业务实际用到的，但并不是绝对的控标项，只是能小幅度提升用户体验并且技术很难实现。那这种需求可以当作锦上添花型的需求，可以做出一定让步。

总而言之，当产品经理对技术有一定了解之后，会方便产品经理对需求进行准确的分级。分级之后可以更高效地与开发团队进行沟通和完成需求的排期工作，提升工作效率。

2.2 人工智能技术体系

本节会按照人工智能技术从底层硬件到上层业务的顺序介绍人工智能产品经理需要了解哪些相关技术。

2.2.1 人工智能技术架构概述

目前业内主流的人工智能技术业务由 3 个部分组成，如图 2-5 所示。A 指的是算法（Algorithm），这些算法包含图像识别算法、文本分类算法、推荐相关的算法等。B 代表的是大数据（Big Data），也就是用户的业务数据，如果用户想实现一个商品推荐引擎需要有与商品历史交易相关的数据，如果用户想做一个图像分类的业务需要有与标记好的图像相关的数据。C 指的是云计算（Cloud Computing），也就是分布式计算，因为人工智能业务依赖于大量数据在复杂场景下的高密度计算，通常是通过分布式计算的方式来实现的。

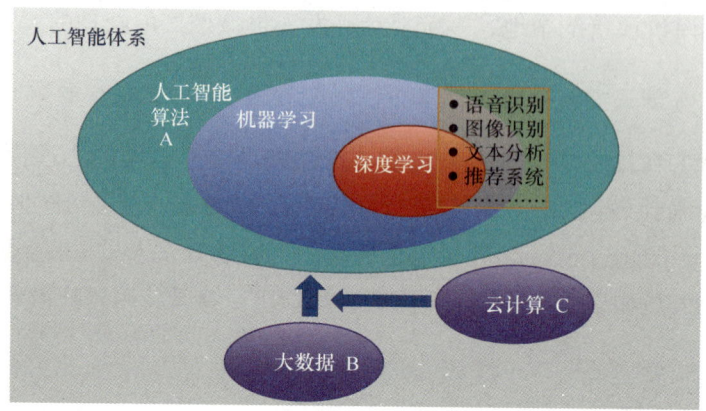

图2-5 人工智能体系

在 ABC 三要素中，除了 Big Data 是由用户提供的外，剩下的云计算和算法往往都是人工智能产品所赋予的能力。本节将介绍整个人工智能技术架构和原理，目的是帮助人工智能产品经理快速了解整个人工智架构体系。

图2-6展示了人工智能技术从计算到模型再到服务的从下到上的架构体系，整个技术架构由计算硬件资源层、分布式框架层、算法及网络结构层、模型层这 4 个部分组成，接下来，作者将针对图2-6 中的每一层进行详细的介绍。

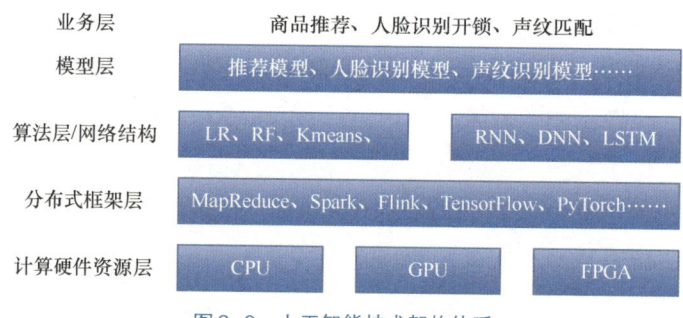

图2-6 人工智能技术架构体系

2.2.2 计算硬件资源层

2.2.2.1 分布式计算

首先介绍分布式计算的概念，机器学习算法的本质是通过将实际业务逻辑做数学建模，然后用数学模型学习大量数据以产生经验，利用经验模型对未知数据进行预测。在积累模型经验的过程中，往往需要极大的计算量，远超过单个普通物理机的承载能力，所以通常会通过分布式计算的方法解决计算量的问题。分布式计算通俗地讲是"众人拾柴火焰高"一般的原理，将单个比较大的任务拆分成多个子任务，每个计算节点分别处理一个小任务然后再把结果汇总，如图 2-7 所示。如图 2-8 所示，在分布式计算中，计算任务会首先发布到 Master 节点上，Master 节点负责分配计算任务，实际计算是在 Worker 节点进行，Master 节点和 Worker 节点组合在一起就成了分布式计算集群。

图 2-7　分布式计算原理

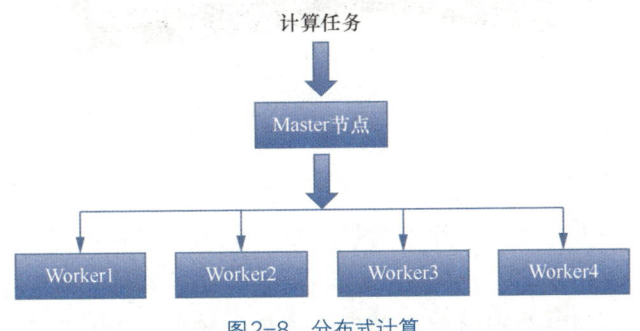

图 2-8　分布式计算

在机器学习分布式计算场景中往往有两种并行化处理方式，一种是将训练数据进行分割，每个计算节点针对训练数据的一个子集进行训练，这种模式叫作数据并行。还有一种分布式计算方式是将训练的模型分片存储到各个节点上，这种场景通常运用在超大规模计算场景下，比如一个图像分析模型有几百 GB 的大小，远超过单台计算节点的内存容量，需要通过分布式的方式将原始模型切片并保存在不同的计算节点。目前业内绝大部分的分布式方式是采用数据并行的模式。

2.2.2.2 不同异构资源的属性和特点

目前在机器学习领域主流的计算硬件为 CPU 资源、GPU 资源和 FPGA 资源 3 种。随着人工智能行业的发展和深度学习的不断升温，GPU 资源也变得炙手可热，GPU 的供应商英伟达的股价随着人工智能行业的升温而一路飙升，另外 GPU 也成了数据科学家们经常互赠的礼物，那么 GPU 和 FPGA 相对于传统的 CPU 处理器有什么优势呢？

如图 2-9 所示，CPU（Central Processing Unit，中央处理器）是一台计算机的运算核心和控制核心，特点是管理能力强，但是并行化计算能力较弱，比较适合计算密度不高，偏数据管理或者调度管理的场景。

图 2-9 中央处理器（CPU）

如图 2-10 所示，GPU（Graphics Processing Unit）又称图形处理器，市面上的 GPU 基本上被英伟达垄断，常见的型号有 M40、P100、V100、A100 等，GPU 处理器价格非常昂贵，单卡价格可以达到数万人民币。GPU 的特点是并行化计算核心数非常多，管控能力较弱，并行化计算能力强的特点，GPU 常被用于图像渲染和复杂密集型数学公式计算的场景。GPU 是目前深度学习领域性能最优的处理器，因为深度学习需要在极复杂的神经网络中计算多达上亿的参数权重，需要大量的并行化计算。

图 2-10　图形处理器（GPU）

　　FPGA（Field Programmable Gate Array，可编程门阵列）是作为专用集成电路（ASIC）领域中的一种半定制电路使用，可以针对深度学习中的某些计算原子定制化开发，不过开发周期长成本较高。不过 FPGA 因为具有流水线并行和数据并行的能力（GPU 仅支持数据并行），一旦开发并上线将有非常优越的运行效率，并且功耗很低。不过，因为 FPGA 开发成本较高，现在在实际业务生产中的使用量并没有 GPU 那么大。

　　综合来看，随着各家硬件厂商的不断发力，未来机器学习训练这块"肥肉"一定会有更多的竞争者入局，虽然暂时来看 GPU 仍然占据了比较大的份额，后续随着 TPU、FPGA 的能力补强，特别是阿里巴巴也研发出了含光处理器，未来一定会有更多异构计算资源不断涌现。

2.2.3　分布式框架层

　　在硬件计算集群之上是分布式计算框架层，分布式计算框架解决的问题是如何把特定任务分发成多个节点可执行的任务，并且可以合并任务结果。严格意义上说，分布式计算分为两个步骤，一是把任务在分布式框架层面进行拆分和组合，二是利用调度引擎去分配资源和下发计算，资源调度引擎通常会选用开源的 Yarn 来实现，最近也比较流行 K8S 的资源调度模式，本书重点介绍分布式框架。

分布式框架会分为两部分来介绍，首先是大数据计算框架，这部分包含 MapReduce、Spark 和 Flink。其次是深度学习框架，本书会介绍 TensorFlow 和 PyTorch。

2.2.3.1 大数据计算框架

大数据计算框架也是通常意义上的分布式计算框架，随着数据计算的业务不断发展，对于分布式框架也在不同时期有不同的需求。目前大数据分布式计算框架已经衍生出 3 代，分别是以 MapReduce 为代表的第 1 代框架，以 Spark 为代表的第 2 代框架和以 Flink 为代表的第 3 代框架，如图 2-11 所示。

图 2-11　大数据计算框架

（1）MapReduce

MapReduce 最早是由 Google 公司研究提出的一种面向大规模数据处理的并行计算模型和方法。Google 公司设计 MapReduce 的初衷主要是为了解决其搜索引擎中大规模网页数据的并行化处理。Google 公司发明了 MapReduce 之后首先用其重新改写了搜索引擎中的 Web 文档索引处理系统。但由于 MapReduce 可以广泛应用于处理很多大规模数据的计算问题，因此自发明 MapReduce 以后，Google 公司内部进一步将其广泛应用于很多大规模数据处理问题。

MapReduce 在业内率先解决了大规模数据分布式计算的问题，推动了分布式计算的发展。但是，MapReduce 在计算过程中需要把中间结果写到磁盘，这种做法虽然提高了可靠性、减少了内存占用，但却牺牲了性能。因为机器学习计算过程中涉及非常多的大规模矩阵的交叉计算，所以 MapReduce 这种依赖于硬盘存储中间过程的方式往往无法达到性能要求。MapReduce 在机器学习领域，逐渐被内存计算框架 Spark 所替代，但是在 BI 计算场景下，MapReduce 仍在发挥着巨大的作用。

（2）Spark

Spark 是加州大学伯克利分校的 AMP 实验室（UC Berkeley AMP lab）所开源的类 Hadoop 和 MapReduce 的通用并行框架。相较于 MapReduce，Spark

将中间过程存储在内存中，提高了大密度矩阵计算场景下的运行效率，非常适合人工智能相关的数据计算业务。另外，Spark 是 Apache 顶级的开源项目，有良好的生态。Spark 体系下有开源的分布式机器学习算法库 SparkMlib，SparkMlib 内置了上百种机器学习算法，支持 Java、Scala、Python、R 等多种语言的编程接口，逐渐成为目前业内比较主流的机器学习算法库。

（3）Flink

Flink 是由一款由德国公司 DataArtisans 开发并开源的分布式计算框架，该框架已经开源并成为 Apache 基金会的顶级项目。随着互联网行业的发展，人们遇到了数据计算性能的瓶颈，于是有了从 MapRedcue 到 Spark 的进化，通过更多地使用内存而提升计算效率。而 Flink 的出现是为了解决业务遇到的计算实时性的问题。Flink 作为最新一代计算引擎的最大特点就是可以进行流式的数据计算。

什么叫流式的数据计算呢？举一个应用例子，我们都用过类似于微博这样的 SNS 应用，这种应用依托推荐算法模型做内容的分发和推荐。传统的推荐模型都是基于 Spark 或者 MapReduce 这样的离线计算框架训练，使用的训练数据是当前时间的前一天或者前几天的数据来训练，这种离线训练模式的问题是无法针对突发性事件做出及时反馈。比如 5 分钟前某个大明星官宣结婚了，可能所有线上的用户关注点都集中在这样的热门事件上，所有用户的行为都会发生变化，这时候如果用离线训练好的模型执行线上推荐任务显然不会有非常好的效果。在这种场景下，用 Flink 的实时机器学习能力，可以很好地解决实时发生的事件对于模型的影响问题。未来在机器学习领域，实时模型训练一定会是重要的技术点，Flink 会在未来的人工智能行业发挥越来越重要的作用。

2.2.3.2 深度学习框架

随着最近几年人工智能的不断发展，特别是 ImageNet 数据集为计算机视觉提供了基础训练数据集，深度学习开始在计算机视觉等认知领域发挥出重要的作用，深度学习框架逐渐走向了人们的视野，越来越多的传统机器学习业务正在探索如何向深度学习去发展。

深度学习与经典机器学习的主要区别是模型的深度不同，深度学习算法的开发因为网络结构非常复杂，往往需要借助深度学习框架来实现。目前业内比较主流的深度学习框架有 TensorFlow 和 PyTorch，接下来就介绍这两款框架的一些特点。

(1) TensorFlow

TensorFlow 由谷歌人工智能团队 Google Brain 开发并维护，是一种基于数据流编程的符号型编程系统，目前被广泛地应用于各大公司的生产系统中。TensorFlow 与 PyTorch 相比，发展得比较早，目前已经有 1.x 和 2.x 的稳定版本。在生态以及工具层面，TensorFlow 也较为丰富，用户可以基于 TensorFlow 开放的 Python API 构建网络和训练，使用 TensorBoard 监控训练过程中的参数权重变化，通过 TensorServing 去部署模型，通过 TensorFlow.js 去控制模型在前端的一些可视化展示。

TensorFlow 的工具已经非常丰富，而且覆盖了模型训练、服务的全周期，比较适合工业应用场景。但是因为 TensorFlow 的基于数据流的编程模式较为抽象，入门门槛相较于 PyTorch 会略高，所以目前 PyTorch 也占据了相当大一部分的深度学习框架市场份额。但是，TensorFlow 也在 2.0 版本开始针对应用便捷性的方面进行优化，提供了更多易用的高级编程接口。

(2) PyTorch

PyTorch 的前身是 Torch，是由 Facebook 主导开源并维护的深度学习框架。PyTorch 最近发展非常迅速，已经推出了较为稳定的 1.x 版本。虽然 PyTorch 相比于 TensorFlow 起步较晚，生态工具还有待完善，但是因为 PyTorch 可以基于动态图去开发程序，门槛较低，深受许多深度学习初学者的欢迎。后续随着 Facebook 在深度学习框架层的不断发力，整个深度学习框架市场会逐渐形成 TensorFlow 和 PyTorch 两强争霸的局面，这两个框架各有各的生态和技术架构优势。对于想了解深度学习框架的同学，可以花时间把两个框架都认真研究一下。

2.2.4 经典算法和深度学习算法

谈到人工智能业务，人们首先可能想到的就是算法。其实很多人工智能的场景并不是由单一算法实现的，底层由许多原子化的算法组成。以推荐系统为例，一个完整的推荐系统需要有类似于协同过滤、FM-Embedding 这样的召回算法，也需要例如 GBDT、DeepFM 这样的排序算法。本节会给大家介绍机器学习的算法。

机器学习算法有许多种分类方式，可以按照算法的网络层级分为浅层算法和深层算法，也可以按照是否需要设定目标值分为有监督算法和无监督算法。本书会按照算法网络的深度对算法进行分类。对于产品经理而言，不需要对每个算法的实现细节特别了解，但是对于算法的特点以及输入/输出需要有一定认识，这样才能更好地理解上层业务是如何实现的。

2.2.4.1 经典算法（浅层网络算法）

本文提到的经典机器学习算法通常是指一些算法逻辑比较简单、网络层次比较浅的算法，这部分算法之所以称之为经典，是因为很多算法在20世纪60年代就已经提出，并且目前依然广泛应用在许多人工智能业务中。目前业内许多推荐场景业务或者图像分类业务，都是基于这些经典算法实现的。

图 2-12 只是列举部分在业务中比较常见的经典算法。从使用场景上划分，经典算法主要解决的就是分类、回归和聚类这 3 种问题。分类和回归属于有监督学习方法，聚类属于无监督学习方法。下面逐个介绍这几种算法场景。

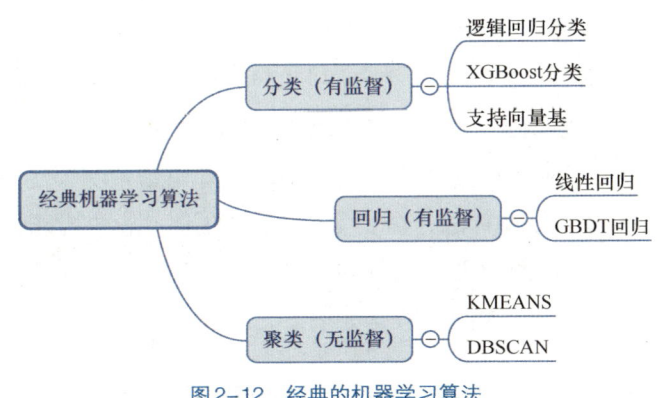

图 2-12 经典的机器学习算法

（1）分类算法

分类算法是有监督学习算法，算法具体做的事情是根据每个数据样本历史的特征属性和最终的目标结果，学习一套经验模型，然后可以用经验模型做后续的预测。比如商品推荐就是一个经典的分类业务场景，推荐系统将商品推荐给一个用户，这个用户只有两种行为结果，购买或者不购买，这就是一个分类场景。推荐模型的训练数据可以是表 2-1 所示的这种形式。

表2-1　分类场景训练数据

人的性别	人的年龄	商品的价格	商品的颜色	是否购买
1	32	539	2	1
0	44	295	3	0

首先有一些人的属性，比如年龄、性别（可以通过不同的数字指代不同的性别，其中，0 代表男，1 代表女）。也有一些商品的属性，比如商品的价格和颜色（可以用数字指代不同的颜色，比如 2 代表红，3 代表粉）。"人的性别""人的年龄""商品的价格""商品的颜色"这些都属于特征，"是否购买"属于目标（1 代表买，0 代表不买）。分类算法做的事情是通过学习这些特征和目标的关系，找到在什么样的特征情况下可能会触发用户购买的行为。

逻辑回归、XGBoost、支持向量机这些算法都是目前应用最多的分类算法，这些算法分别基于线性模型、树结构模型和向量机实现，是最经典的几种分类算法，需要产品经理掌握其中基本的原理，本书就不展开介绍。

（2）回归算法

回归算法也是一种有监督算法，回归算法解决的问题是根据历史的样本特征以及目标值生成回归模型，可以利用回归模型去预测其他样本的目标值。回归算法常被应用于股票预测、商品流量预测、降雨量预测等场景。

回归算法不同于分类算法，分类算法确定的是在某种特征情况下该样本具体属于哪个类别，而回归算法预测的是具体的数值。

仍以分类算法的场景为例，数据如表 2-2 所示。

表2-2　回归场景训练数据

人的性别	人的年龄	商品的价格	商品的颜色	下单数
1	32	539	2	40
0	44	295	3	23
1	29	532	5	19

"人的性别""人的年龄""商品的价格""商品的颜色"这4个字段为特征，"下单数"是基于样本特征需要预测的目标结果数量。回归算法和分类算法的主要区别是，分类算法生成的模型主要是用来做预测样本的分类，回归算法生成的模型是用来生成样本的预测数值。常见的回归算法有基于线性模型原理实现的线性回归，也有基于树状模型实现的 GBDT 回归、二叉树回归等，这些回归算法需要产品经理对其有基础的认识。

（3）聚类算法

聚类算法是一种无监督算法，无监督算法不需要设置目标列，算法会自动根据每个特征的结果生成聚类模型，利用聚类模型可以对其他样本进行预测并自动归类。聚类算法经常被应用于用户画像场景，比如电商平台有 100 万个客户，可以获取每个用户的一些属性，可以用聚类算法自动把客户进行分群。

比如电商平台有一堆商品，每个商品都有不同的属性，如表 2-3 所示。

表 2-3 聚类场景训练数据

商品价格	商品颜色	商品大小	商品被购买次数
1	32	539	2
0	44	295	3
1	29	532	5

可以把所有的属性当成特征，用聚类算法可以自动对这些属性进行归类，不需要设置目标结果。常见的聚类算法有 KMEANS 和 DBSCAN 这两种，KMEANS 是一种基于距离的聚类方式，而 DBSCAN 是一种基于样本密度的聚类方式，这两种聚类方法常被用于用户画像、样本切割等领域。

2.2.4.2 深度学习算法（深层网络算法）

深度学习常用于一些复杂特征场景，例如对于文本分析、图像识别、语音识别这样的场景有很好的效果。目前被广泛应用于生活中的各种认知场景，常见的如手机的人脸验证、智能音箱的语音唤醒、地图的仿明星声音导航等。这些智能化的技术在最近的 5 年内被广泛应用，就是得益于深度学习神经网络的发展。

深度学习技术为什么能对这些复杂特征场景产生很好的效果？深度学习与前文提到的浅层算法有什么区别呢？要先从神经网络讲起。神经网络是一种仿人大脑神经元构建的网络结构，最早是由生物学领域率先提出，神经网络通过数学公式模拟大脑神经元的串联和构建方式。典型的神经网络结构如图2-13所示。

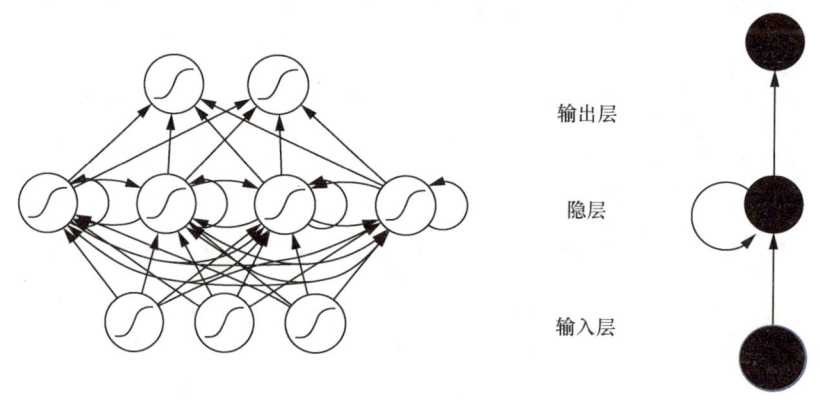

图2-13 神经网络结构

神经网络分为输入层、隐层和输出层3个部分，深度神经网络和浅层神经网络的主要区别在于隐层的层数，浅层网络在这一层可能只有一层到两层，深度神经网络可能会达到几十层甚至几百层。ResNet是一种经典的CNN网络结构，在图像分类中有非常好的效果，通常有十几个隐层构成，图2-14是截取的Resnet的部分片段，大家可以直观地感受下神经网络的具体构成。

在图2-14中，除了最上方的输入层（InputLayer）以外，全部是隐层，在隐层中有许多不同的计算单元，有conv2d、normalization、activation等不同形式的隐层，根据隐层的不同设计可以把神经网络分成RNN、CNN、DNN等不同结构的神经网络类型，接下来为大家重点介绍CNN和RNN这两种神经网络的结构特点和作用。

（1）CNN

卷积神经网络（CNN）是主流的神经网络结构之一，常被用于解决图像相关的问题。CNN神经网络在处理图像问题的过程中可以利用卷积元扫描图像，将图像的特征逐层提取，提取出来的图像特征可以作为分类模型的原始特征。

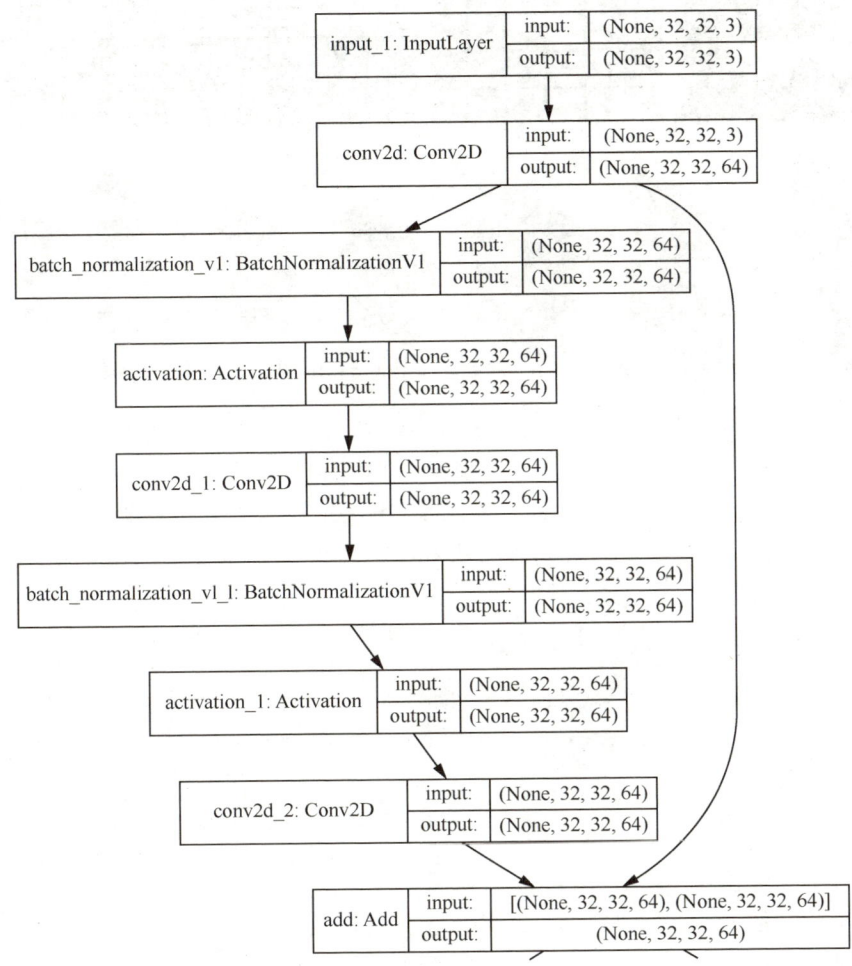

图 2-14　Resnet 的结构

以图 2-15 中车的图片分类为例,假设输入 CNN 网络的训练数据是一辆车的图片,CNN 网络会用卷积去扫描输入图片,首先识别出车的一些原子化的图像特征,比如图像的边缘、敏感区、颜色及一些其他的细节特征。接着通过层层神经网络学习出车的图像是如何通过之前学习到的细节特征组合而成。当 CNN 找到了图像中的全部特征,并且将特征通过向量表示,就可以使用分类算法实现图片分类的功能。

典型的 CNN 神经网络中的信号传输模式如图 2-16 所示。

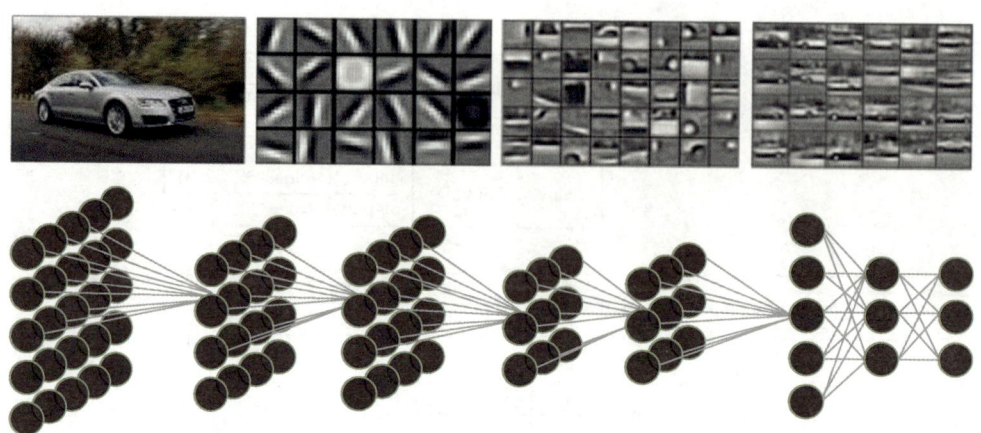

图2-15 卷积神经网络

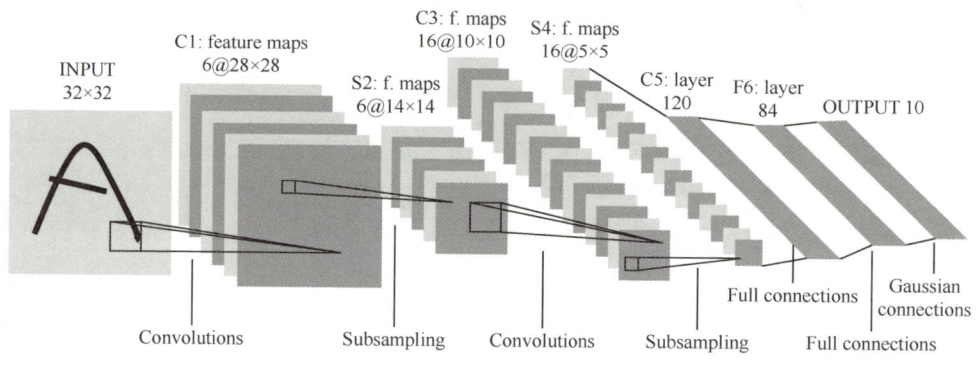

图2-16 CNN神经网络中的信号传输

神经元信号只能在每层信号的上下层直接传输，而不能在每一层的神经元之间相互传输。这也决定了CNN网络只能处理对数据上下游时间序列不敏感的业务场景，比如图像分类这样的场景，CNN网络每次学习图片都是独立的，上一张图片的学习不会对下一张图片的学习有影响。而很多人工智能场景是和数据的时间顺序有关系的，比如我们希望做一个Q&A系统，每次系统的回答需要跟用户上文的提问相关。在这样的场景中，我们就需要针对时间序列去建模，就会用到类似RNN结构的神经网络。

（2）RNN

循环神经网络（RNN）专门解决跟时间序列相关的建模问题，可以把学习样本的上下文时间序列添加到特征之中。RNN常被用于智能问答、语音转文本、机器翻译等场景下。

举一个机器翻译的例子来介绍 RNN 网络的工作原理，如图 2-17 所示。

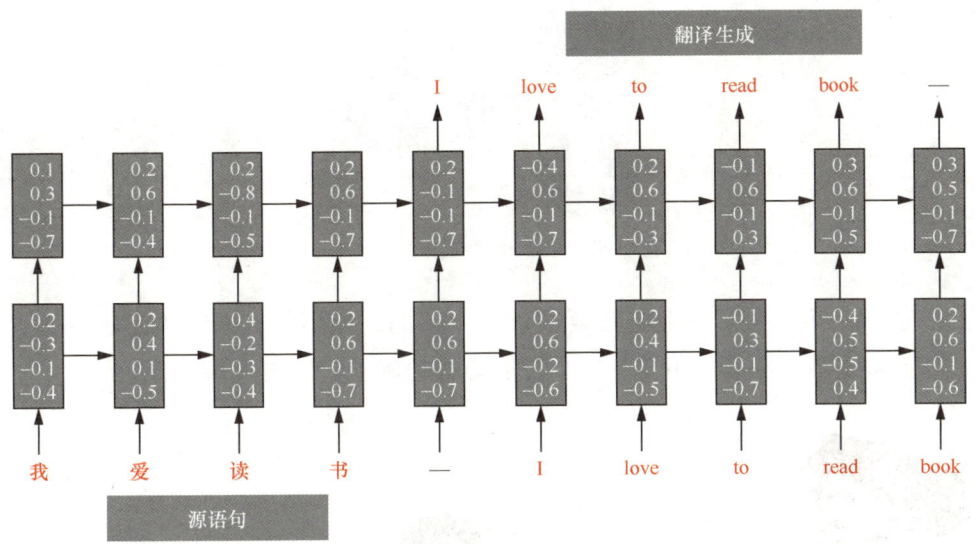

图 2-17 机器翻译示意图

机器翻译解决的问题就是输入一种语言的文本，返回这个文本对应的目标语言的翻译结果。以图 2-17 为例，输入的是汉语"我爱读书"，输出的是英文"I love to read book"。机器翻译需要首先理解每个词的上下文关系，将这样的关系编排成时间序列输入到 RNN 网络中去学习整个网络中的权重。在机器翻译领域，训练样本可以是表 2-4 这样的形式。

表 2-4 机器翻译中的训练样本

训练样本语言	目标语言
我爱读书	I love to read book

RNN 网络会学习每个输入词语的上下文关系生成语言理解模型，这样的模型可以应用于对未知词语组合的翻译中。

2.2.5 模型和业务

目前业内的所有人工智能相关业务，底层都是支撑各种业务场景的模型。

模型是数据和算法通过数学建模计算，而产生对于过往数据规律的一个总结，如图 2-18 所示。

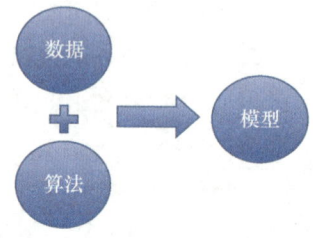

图 2-18　模型产生原理

通常一个人工智能业务需要通过几个不同的模型组合来解决问题。关于模型和业务如何结合，下面举一个智能音箱的例子，如图 2-19 所示。

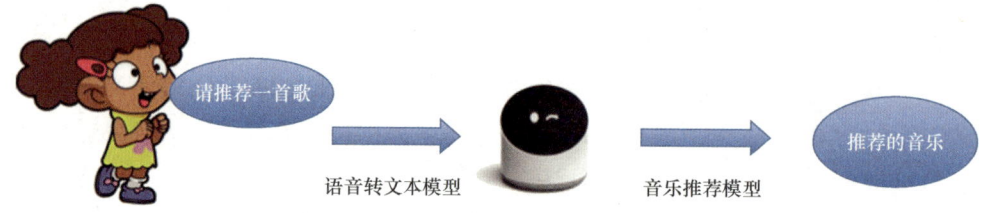

图 2-19　智能音箱的模型

假设用户向智能音箱说一句"请推荐一首歌"，智能音箱反馈所推荐的曲目，在这个过程中涉及哪些机器学习相关的模型服务呢？首先，需要语音转文本模型，通常会用到上文介绍的 RNN 网络结构，将用户的问题转化成文本内容。那这个文本究竟是什么含义呢？这时就可以通过文本语意分析模型分析出用户的需求是想要音响推荐一首歌曲。当获取了用户的需求是想要一首歌曲，可是曲库里可能有成千上万首歌，那么推荐哪首歌最适合这个用户，这时候需要调用客户的画像特征，结合用户的特征和库存中的所有音乐进行预测，找到最匹配这个用户的音乐并反馈，这是一个典型的分类模型需要解决的问题。所以，即使是非常简单的生活场景，只是说一句话让音箱给推荐一首歌，都需要至少 3 个模型的配合，分别是语音转文本模型、语意分析模型、推荐分类模型。

许多人工智能的商业化产品的本质是售卖机器学习模型，比如目前很

2.2 人工智能技术体系

多的 OCR 识别产品和图像识别产品，本质上是把 OCR 和图像识别模型部署成 API 并售卖。那么机器学习模型是如何部署或者构建成商业化产品呢？

如图 2-20 所示，通常是将模型部署到模型服务引擎中，最终将模型以 Restful API 的形式暴露给用户。目前多数的模型服务采用的是业内流行的 K8S 容器资源调度的技术方案实现，这样做的好处是资源弹性可扩缩容以及资源隔离功能完善。最终的用户使用形式就是调用 API 并返回结果，以图像识别类 API 为例，提供给用户的最终使用形式就是如图 2-21 所示的调用方法。

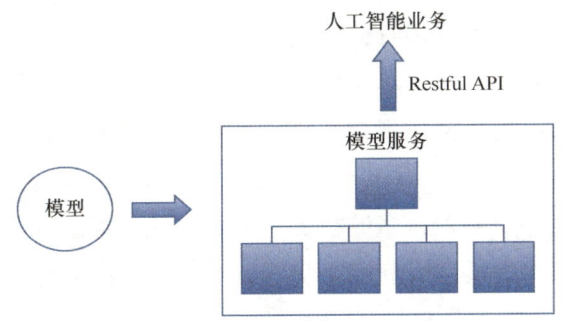

图 2-20　机器学习模型部署

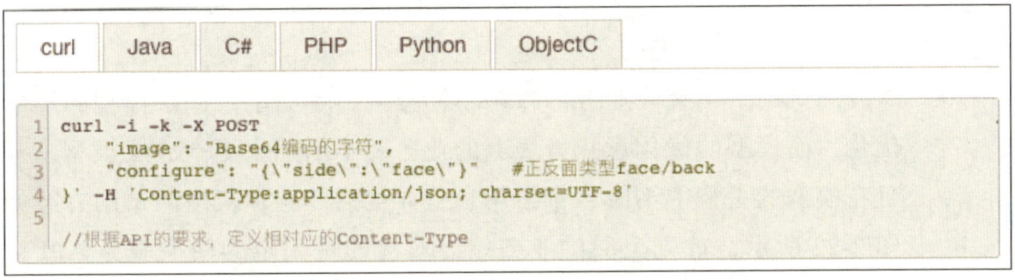

```
curl    Java    C#    PHP    Python    ObjectC

1  curl -i -k -X POST
2      "image": "Base64编码的字符",
3      "configure": "{\"side\":\"face\"}"    #正反面类型face/back
4  }' -H 'Content-Type:application/json; charset=UTF-8'
5
   //根据API的要求，定义相对应的Content-Type
```

图 2-21　图像识别类 API 调用

首先将图片转成 Base64 编码格式，然后将编码后的数据传输到模型的服务器端，服务器会返回图像的识别结果。

在人工智能的整个业务链中，模型服务是业务和底层技术架构的衔接点，对于模型服务的考验主要在于能否满足业务的稳定性、实时性、可扩展性、安全性、可灰度测试等方面的需求。

- 稳定性：稳定性是业务系统的 SLA 保障，线上的系统一旦出现故障将会大大影响业务终端服务的用户体验。比如模型服务是一个扫脸支付的业务，如果服务中断，将导致用户无法成功付款。
- 实时性：绝大部分的业务有对最低反馈时间的要求，比如模型服务部署的是广告推荐模型，如果反馈时间太久，就将错过给用户展示广告的时间。因为用户通常在每个页面的停留时间只有几秒，所以对于广告系统来说，通常要做到毫秒级的反馈，才能确保每次投放的广告能展示在用户的浏览页面。
- 可扩展性：指的是底层的模型服务资源的动态弹性扩缩容能力，因为任何一个业务肯定都有使用峰值和低谷。比如模型服务部署的是个商品推荐的模型，那么可能在"双十一"或者"6·18"这样的购物节模型服务的调用量会达到峰值，平日里模型服务可能只有购物节访问量的 1/3。这就要求模型服务的资源可以做到可伸缩，因为越多的访问量意味着底层要配置越多的机器，而越多的机器意味着越多的成本。为了控制成本，模型服务应该在峰值的时候吸收和应用更多的机器，峰值结束后将机器释放。
- 安全性：因为模型服务通常以 API 的方式暴露给用户，安全性更多的是要求数据传输过程中的加密保障，防止数据被盗取。通常数据传输要做编码以提高模型服务的安全性。
- 灰度测试：人工智能业务的效果不断提升，本质上是底层模型的不断优化，而模型的优化意味着线上的业务要不断地去更新底层模型，并且在模型的更替中不应该带给用户差异化的体验。灰度测试的方案如图 2-22 所示，首先上层的业务始终对接的是固定的模型服务 API 接口，在这个接口下方可以有多个模型，模型服务会给不同的模型分配不同比例的流量。因为机器学习模型虽然在训练和验证过程中会做许多模型效果的验证，但是这种离线验证并不能完全确保模型上线后的准确性。所以通常新模型上线要首先分配比较小的流量做测试，当线上效果比较理想之后，再逐渐放大模型的流量，这就是模型服务的灰度测试能力。

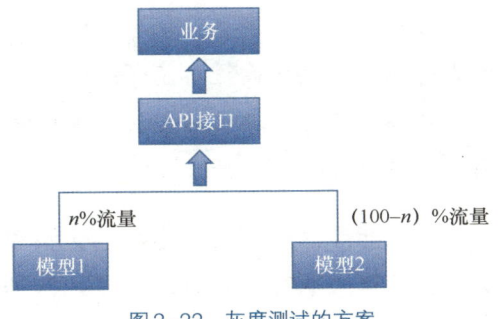

图2-22 灰度测试的方案

2.3 本章小结

本书将人工智能技术单独列为一章进行介绍，目的是希望通过这种方式强调人工智能产品经理基础技术能力的重要性。在作者平时工作中跟许多业内的产品经理有过合作，其中能力比较突出的产品经理无一例外地都具有较为扎实的技术背景。作者在刚入行的时候，导师曾送过我这样一句话："好的产品经理一定是架构师"。这句话的意思就是产品经理不光要只关注产品交互以及业务，也要对产品底层的技术架构有深度的了解，这句箴言让作者受益匪浅，并且始终以架构师的标准来要求自己。

2.4 解惑答疑

在本章中，大家可能比较关心的几个问题总结如下。

> **问题1：产品经理是否需要懂技术？**
>
> **答：** 根据作者自身的工作经验，产品经理一定要懂技术，而且是越懂越好，了解技术可以方便产品经理更有效地跟研发团队和客户沟通。同时本章也分享了如何学习技术，以及如何划分技术和业务边界这两个问题。

> **问题2:人工智能产品经理需要了解哪些技术?**
>
> **答:** 作者针对人工智能的整个技术体系,从硬件层、分布式架构层、算法和网络层、模型和业务应用这些方面进行了介绍。本书主要是对每一层的技术点做大致的讲解,希望读者可以在工作之余更认真地了解其中的每一个技术点,并且应用到自己的工作当中。

人工智能技术是人工智能产品经理的基本能力,希望读者可以认真学习相关技术,不断地积累,希望大家都可以按照产品架构师这样的标准去要求自己。

第 3 章
人工智能产品市场洞察

市场调研是所有产品立项的根基,市场调研报告也就是产品需求文档（Market Requirement Document，MRD）。MRD 是给产品梳理一个方向,告诉产品的决策者市场机会在哪、市场机会多大、用户是什么样的、进入这个市场会面临哪些竞争。也就是说,MRD 的重要性相当于战前的侦查,只有把侦查工作做到位,才能指导后续的一系列作战方案。本章将会从市场分析、用户需求分析、竞品分析的角度介绍市场调研需要做哪些工作。

3.1 市场分析

作者认为市场分析是整个 MRD 中最重要的部分,先要确定市场方向,才能确定市场中的用户是什么画像以及相应赛道的主要竞品对手有哪些。对于市场宏观分析这部分,在行业内有很多成熟的模型,3.1.1 节会尝试套用宏观经济分析模型（Politics Economy Society Technology，PEST）对 ToB 场景下产品的整体市场前景进行解析。3.1.2 节会从产品切入市场的机会点进行分析,分别介绍市场的集中度和渗透率对产品的影响。3.1.3 节会介绍如何做市场产业链分析。通过以上 3 个部分的分析,就可以完整地刻画出产品所在市场的全貌。

3.1.1 PEST 分析法

本书将引用 PEST 模型对产品所在的 ToB 行业市场进行解析。相比于 PEST 模型对宏观经济的分析,人工智能 ToB 产品往往是针对某一块细分市场,对于 PEST 中具体的一些概念将会有所调整。

如图 3-1 所示，在传统的 PEST 模型中，P（Politics）代表政治因素，E（Economic）代表经济因素，S（Society）代表社会因素，T（Technology）代表技术因素。

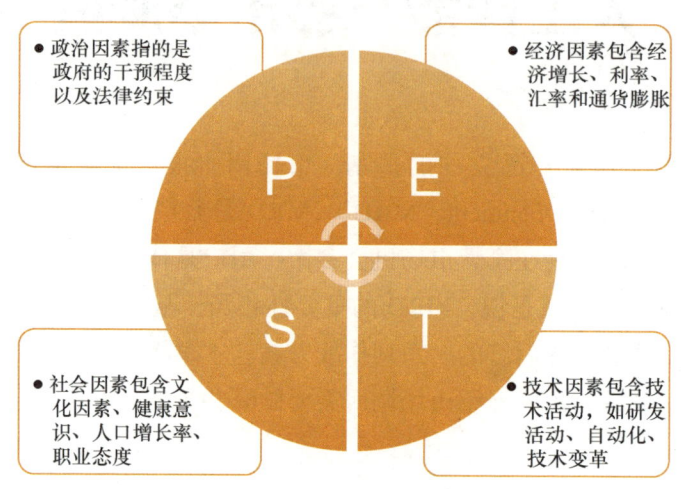

图 3-1　PEST 市场宏观分析模型

针对传统的 PEST 模型，本书将其中的概念针对人工智能 ToB 场景进行了调整，如下所示：

- P 表示相关政策因素的影响，如数据安全、民众隐私等；
- E 代表市场的规模以及后续的市场增幅；
- S 代表整个社会对于该产品的态度和后续发展方向；
- T 代表技术是否能给到市场前进的推动力。

3.1.1.1　政策影响

很多初入产品领域的产品经理可能觉得政策对于 ToB 产品影响不大，实际上人工智能服务的客户可能涉及政府、高校、企业等各个方面。国家针对每个领域的业务都有不同的监管机制，了解这些机制对于设计产品有很强的关联性。

举个例子，在 2019 年有一个基于人工智能换脸技术的 App 突然兴起并被传播开来，人们可以使用该 App 将视频中人物的脸替换成任意其他人物，达到"换头"的效果。

这款产品的立意非常新颖，使用起来也极其简便，但是因为触及个人隐私的红线，在上线后几个月就被监管部门要求下架整改。从侧面分析这个案例，如果产品经理推出一款产品有侵犯隐私的可能，那么从政策角度分析是存在风险的。

那么在设计一款产品的过程中究竟有哪些政策的风险是需要小心回避的？

① 个人隐私风险：前面的案例已经完整地诠释了触犯个人隐私的风险。

② 版权专利等风险：通常一款 ToB 产品在原型设计的时候要经过法务或者专利相关工作人员的审核，因为很多公司在设计了一个成功的产品模式或者交互模式后会申请专利，新产品在设计阶段要尽可能避免因侵犯专利权而引发的风险。

③ 数据安全风险：人工智能领域的核心要素之一是业务模型，一个健壮的模型需要大量的数据进行训练和优化。比如当所设计的服务是人脸识别产品时，人脸识别的准确性与人脸数据的收集量相关，理论上收集越多的人脸数据，也就意味着模型就会更精准。但是，在提供相关服务的时候，切记不要在用户未许可的情况下收集用户数据，因为这种行为会触犯相关的法律条例，面临极大的政策风险。如果产品经理希望产品可以有收集用户数据的行为用来优化模型，那么需要在该功能上增加用户签署"产品改进协议"的流程，具体内容可以向公司的法务人员寻求支持。如果用户授权同意，则可以使用用户的数据去改进并优化模型，如果用户不同意，那么坚决不能私自使用用户的数据。图 3-2 展示的是用户改进协议的弹窗示例，如果需要利用用户的数据改进产品，一定要让用户有明确的感知。

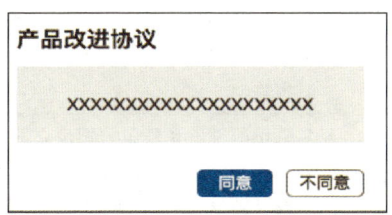

图3-2　产品改进协议

④ 社会危害性风险：因为人工智能相关技术可以模拟部分人的思考工

作，比如破解验证码、伪装人进行一些非法操作。这种行为会造成一定的社会危害性，如果 ToB 产品涉及相关的功能，那么会有极大的法律风险。所以产品经理在设计一款产品的时候，一定要秉持着有益于社会的正确价值观。

政策和法律风险是产品功能不能触及的红线，在市场调研阶段一定要提前调查清楚产品可能涉及的个人隐私风险、版权专利风险、数据安全风险和社会危害性风险，并且提前规避。作者一直坚信，只有对社会发展有益的商业化产品才能最终实现商业化的突破并取得成功。

3.1.1.2 市场规模

市场规模指的是产品所在领域的市场大小，单纯指的是市场量级以及后续的市场增长曲线，并不表示市场空间的大小。PEST 分析法因为只是从比较高的层面对市场全局进行分析，至于是否能赢得市场，会在 3.1.2 节介绍，在 PEST 分析报告中只列出市场的规模和趋势。

做市场规模分析最主要的工作是去查找资料，收集相关市场的数据。首先介绍可以获取权威人工智能行业数据的相关机构（见表3-1），国内市场信息可以通过一些互联网大会、头部互联网公司、政府机构来获取。国际市场信息可以通过权威的咨询机构来获取数据，IDC、Forrester 和 Gartner 是目前比较主流的 3 家公司。

表3-1 权威咨询机构

机构所在区域	机构名称	机构描述
国内机构	中国信息通信研究院	中国信息通信研究院现为工业和信息化部直属的科研事业单位，是国家在信息通信领域（ICT）最重要的支撑单位以及工业和信息化部综合政策领域主要依托单位。中国信息通信研究院每年会针对人工智能行业做详细的市场研究和竞对报告
	腾讯研究院	腾讯研究院是腾讯公司设立的社会科学研究机构，旨在依托腾讯公司多元的产品、丰富的案例和海量的数据，围绕产业发展的焦点问题，通过开放合作的研究平台，汇集各界智慧，共同推动互联网产业健康、有序的发展
	人工智能行业协会、中国IT市场年会	每年国内会举办许多人工智能大会，在大会的对外报告中有很多市场分析相关的内容可以参考

续表

机构所在区域	机构名称	机构描述
国外机构	IDC	IDC 全称是 International Data Corporation，是信息技术、电信行业和消费科技市场资源、顾问和活动服务专业提供商
	Forrester	Forrester Research 公司是一家独立的技术和市场调研公司，针对技术给业务和客户所带来的影响提供务实和具有前瞻性的建议
	Gartner	Gartner 全球最具权威的 IT 研究与顾问咨询公司，成立于 1979 年，总部设在美国康涅狄克州斯坦福。其研究范围覆盖全部 IT 产业，就 IT 的研究、发展、评估、应用、市场等领域，为客户提供客观、公正的论证报告及市场调研报告，协助客户进行市场分析、技术选择、项目论证、投资决策。为决策者在投资风险和管理、营销策略、发展方向等重大问题上提供重要的咨询建议，帮助决策者作出正确抉择

在做市场分析的时候可以从以上的几家机构的报告中去获取数据，但是因为各家的数据分析维度会略有偏差，所以如果想获得一个比较准确的数据可以取各家的平均数。例如分析 2020 年中国人工智能市场的规模，中国信息通信研究院、腾讯研究院、Gartner 都给出了不同的数字，如表 3-2 所示，最终做 MRD 的时候可以以各家的平均数作为参考。

表 3-2 2020 年中国人工智能市场的规模数据

中国信息通信研究院	710 亿元 RMB
腾讯研究院	800 亿元 RMB
Gartner	1040 亿元 RMB
平均	850 亿元 RMB

另外，做市场规模报告分析的时候一定要选取自己产品所面向的细分市场作分析。以 OCR 这款产品为例，OCR 属于图像识别的一部分，OCR 主打的市场一定是文字识别这个细分领域市场而不是整个图像识别市场，如果把市场范围圈大了，那么报告就会不准确，对整体的市场判断造成影响。

市场规模报告中除了分析具体的市场规模，还需要总结趋势，因为有一些行业虽然市场规模很大，但是整体增长的趋势已经放缓，而某些行业虽然整体规模不大，但属于可长期持续快速增长的，所以对于行业趋势的判断也是做产品决策的一个重要依赖。举个例子，图 3-3 展示了在某个行业的 Human Performance（人力表现）和 Best AI System 的市场占比图。

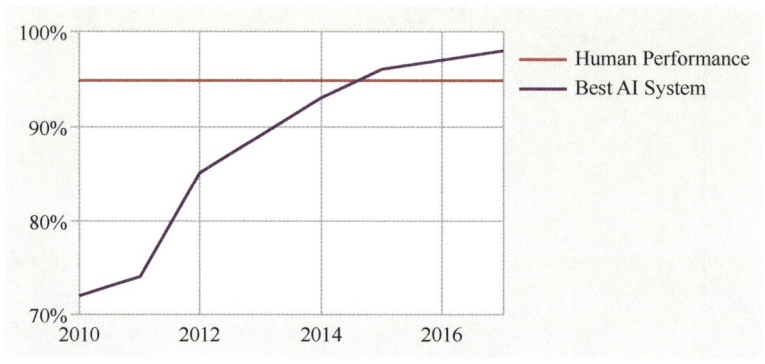

图 3-3　两款产品的市场占比

虽然在 2010 年到 2014 年 Human Performance 的市场占有率远高于 Best AI System（人工智能系统），但是可以看出它的增长乏力，Best AI System 一直保持着高增长，这种持续的增长能力也是影响商业决策的重要依据。

3.1.1.3　社会大众对于产品的态度趋势

一款产品的发布除了考虑技术是否有先进性以及是否能有足够的市场规模以外，也要考虑当前社会大众对于产品的接受程度。对于 ToB 产品而言，对社会大众的影响力虽然没有 ToC 产品那样快的传播速度，但是在人工智能领域，全国各地每天都有无数个技术沙龙在举办，产品的新颖性和价值性会沉淀成 B 端用户的口碑，在圈子里传播。所以在产品立项前期一定要对市场可能呈现的一些态度，特别是可能出现的负面态度进行预估。

假设 A 公司已经开发了一套深度学习在线编程引擎，是基于开源的 Jupyter 编辑工具二次开发实现，大体的交互形式和样式如图 3-4 所示。那么如果 B 公司也想涉足在线深度学习编程引擎这个领域，做出的交互形式最好与 A 有一定区别。ToB 产品和 ToC 产品的传播方式有一定区别，ToC 产品通常是通过线上的广告运营的方式来传播，ToB 产品更多是通过线下商务推广以及技术沙龙。所以 ToB 产品在推广过程中往往会采取将潜在客户聚集在一起来统一宣讲，这个时候如果有部分潜在客户使用过 A 公司的产品，B 公司又和 A 公司产品有一定的相似性，推广 B 公司的产品会造成该产品在客户小圈子内有产生负面口碑的风险。

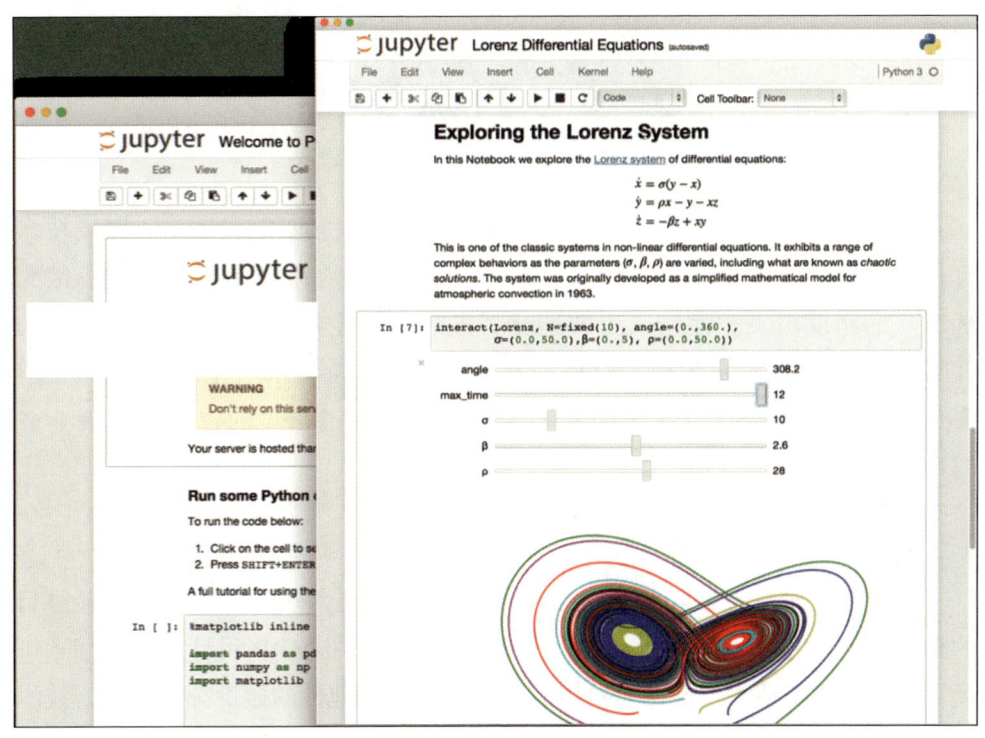

图3-4　Jupyter界面

另一个跟大众态度趋势相关的点是新的产品最好能跟新的技术点结合。大家都知道，人工智能领域是目前比较火热的一个技术方向，每隔一段时间就会推出新的技术。所以设计人工智能相关的 ToB 产品的时候尽量要跟主流的新技术相结合，这样比较容易贴合大众舆论的导向。比如在人工智能业务中，一个主流的场景是智能问答机器人（见图 3-5），智能问答机器人底层需要应用到文本分类相关的算法。传统的文本分类通常使用的是经典的 word2vector 相关的技术，但是近年来随着深度学习的发展，Bert 模型开始在 NLP 领域逐渐发挥出更大的作用并逐渐成为主流。

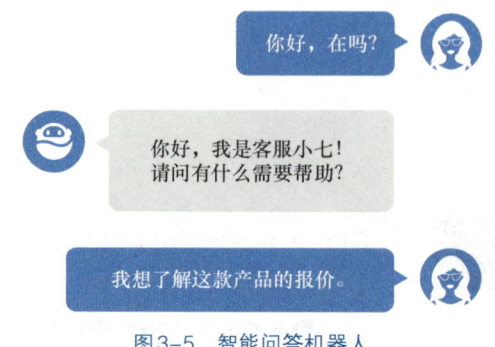

图 3-5 智能问答机器人

基于这样的技术背景，在推出一款智能问答机器人的时候，如果技术宣传点还是基于过时的技术，则很难在 ToB 行业内得到客户的倾向。因为从客户的角度出发，使用人工智能相关的产品一定期望提升自身生产效率，并且享受最新技术的红利。所以，从市场舆论及客户接受程度出发，一定要选用较为领先的技术作为产品的基本要素，通过领先的技术去拓展业务的边界。

3.1.1.4 技术能力是否能支撑当前产品

当我们尝试分析政策风险、分析市场规模以及大众的接受程度，最终目的是找到一个好的市场切入点，而产品能否真正按照 MRD 设计的那样切入市场，这就取决于技术层面是否可以实现。抛开可落地性的假设都是空谈，技术是产品落地的保证。

在 PEST 分析中，关于技术（Technology，T）的分析是决定一切的根基。在做技术分析的时候一定要在"未来可实现"以及"现在可实现"之间做一个权衡。以扫脸支付这个产品为例，扫脸支付解决的一个问题是摆脱人们对于手机这个支付媒介的依赖，支付又是一个对安全要求很高的场景，一旦实现了扫脸支付，那么这个产品很容易在更广的业务中推广，比如扫脸登机、扫脸开通银行账户等。今天，在国内市场，手机支付占据了国内 50% 以上的支付量，如果扫脸支付发展得成熟，将有巨大的市场空间。虽然很多公司已经开始做相关的产品，但是一直没有大面积的推广，原因就是技术层面还有一些不成熟。不过通过对相关技术的调研，不难发现扫脸支付相关的技术问题是有可能在不久的将来被攻破，这个产品也是一个标准的"现在不可实现"但"未来可实现"的产品，这样的产品是值得投入的。

在做技术分析的时候，不要陷入只做"现在可实现"的困局，也不要迷失在一些"完全不可实现"的空想。这就要求人工智能产品经理对相关的技术领域要有一定认识，甚至具有一定的前瞻性。同时，在做立项调研的时候也要多跟技术人员交流，得到技术人员的认可，毕竟占据市场的前提是产品可以被实现。

3.1.2　市场"集中度"VS"渗透率"

通过 PEST 分析法可以帮助产品经理从 4 个方向对潜在市场进行宏观分析，确定产品所在市场的大致范围以及相关风险，本节要介绍的市场"集中度"和市场"渗透率"则是最终帮助产品经理确认产品是否能在潜在市场打穿打透的判断依据。

首先分别介绍"市场集中度"和"市场渗透率"这两个概念。"市场集中度"指的是市场中有哪些存量玩家以及这些玩家的排名。可以通过贝恩指数来标识行业集中度，通过 CR_n 表示行业中规模最大的前 n 家企业的行业集中度。在人工智能 ToB 产品的行业集中度调研中，也可以借鉴贝恩指数这样的方式。以人工智能算法云平台产品为例，CR_4 可能就是阿里云的 PAI、华为的 ModelArt、腾讯的机器学习平台、第四范式的先知（注：此处的 CR_4 集中度排名仅用于举例，并无真实咨询机构数据支撑）。一般集中度可以调研 $CR_3 \sim CR_{10}$，依市场具体的玩家数量决定。

了解了市场集中度之后，现在开始介绍市场渗透率，市场渗透率指的是当前市场的主要竞争者，也就是 CR_n（通常取 CR_{10} 所占有的市场作渗透率评估）获取的市场份额占整体市场的百分比。渗透率公式可以表示为：

渗透率 =CR_n 占据的市场份额 / 整个市场的规模

举个例子介绍"市场集中度"和"市场占有率"，这里以大家生活中都能接触到的网络支付为例。先分析"市场集中度"，目前网络支付行业基本上被支付宝支付和微信支付这两款产品占领，也就是说这个行业的 CR_2 分别是支付宝和微信。支付宝和微信占整体网络支付市场的 93.7%。从"市场占有率"层面分析，从《中国互联网络发展状况统计报告》报告的内容可以看到，截止到 2019 年 6 月，我国网络支付用户规模达到 6.33 亿，占手机网民的 73.4%。也就是说网络支付行业的市场渗透率为 73.4%。

前文说明了"市场集中度"和"市场占有率"如何计算，接下来介绍如何以这两个指标为依据去判断产品的市场机会，首先需要了解"集中度""渗透率"竞争象限。如图 3-6 所示，在竞争象限中，把市场按照"集中度"和"渗透率"的不同比例划分为稳定市场、新市场、群雄割据的市场、难以开拓的市场这 4 种市场类型。

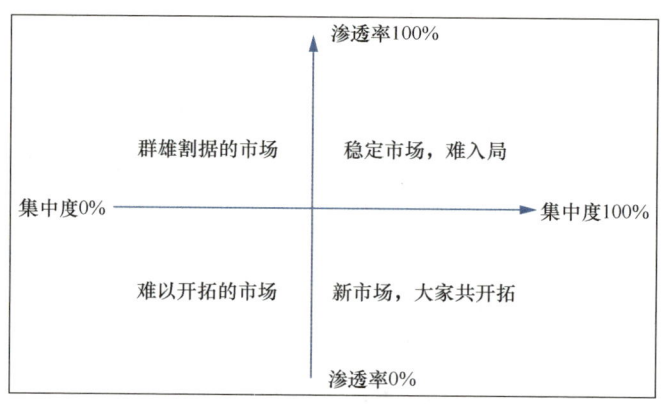

图 3-6 竞争象限

针对不同种类的市场有不同的打法和策略，接下来为了方便大家理解，将举例说明每种市场的具体特点。

3.1.2.1 稳定市场

稳定市场指的是集中度和渗透率指标都比较高的市场，比如前面已经提到的网络支付领域，主要竞争产品为支付宝和微信，这两个产品构成 CR_2，已经完全把其他玩家远远甩到身后，另外网络支付这种产品模式也已经在国内市场有极高的渗透率。对于稳定市场来讲，新产品是极难进入的，因为稳定市场已经处于饱和状态，不太建议产品经理做新产品的时候向这样一个市场去渗透。打破稳定市场局面，往往不会是新的同质产品的出现，而是新的商业模式或者新的科技变革的出现。比如降低康师傅方便面销量的因素，不是因为更好吃的方便面产品的产生，而是由于互联网外卖这个新模式的兴起，导致大家不再像以前一样依赖方便面这样的即食品。

3.1.2.2 新市场

新市场指的是集中度很高，但是渗透率很低的市场，这种模式的市场在人工智能领域较为普遍。以公共云的智能推荐引擎这个市场为例，目前业内大部分公司采购的商业化推荐引擎都是由神策、第四范式、百分点、阿里云这几家厂商提供，集中度很高。但是这个市场的商业化产品渗透率比较低，基本80%以上的客户的推荐业务是基于开源的算法自建。对于这样的市场，市场空间还比较大，市场中的玩家不容易陷入竞争局面，更多要思考的是如何教育市场，怎样将市场的渗透率做上去。只有市场渗透率做上去，商业化产品才会有更广泛的生存空间。同时，渗透率低、集中率高的市场也是新产品比较容易切入的，因为如果市场规模足够大，会有很多机会。

针对新市场，建议产品经理先以对齐竞品功能为首要目标来进行产品设计，因为这样的市场比较难陷入产品间的竞争，先与竞对产品对齐功能，然后就可以开始进行市场推广。

3.1.2.3 群雄割据的市场

群雄割据的市场指的是那种渗透率很高但是集中度不高的市场。群雄割据的市场的特点是大部分客户已经认可了采购商业化产品来解决问题的方式，但是行业内有大量的存量玩家，各个玩家的同质性很强，这样的市场基本是红海市场，竞争多意味着商业化产品的利润空间不大。在人工智能领域比较典型的群雄割据市场是OCR产品所在的这个市场。但是国内做OCR相关产品的公司可能就有几十家，而且每家的产品功能比较相似，准确率差距并不明显。保险、金融、交通这些领域的客户是OCR产品的主要采购方，而且已经基本认可了付费购买OCR服务这样的模式。

针对群雄割据的市场，产品经理是有机会设计新的产品并脱颖而出的，因为没有寡头的市场意味着赛道内的存量玩家都有机会。但是，如果想在这样的市场有一席之地，产品经理需要把需求抓得很准，将产品做出优势和特点，一定要避免陷入同质化的竞争，一旦陷入同质化，比拼的就是价格，很难做出高溢价。

3.1.2.4 难以开拓的市场

最后介绍"难以开拓的市场",这个市场的特点就是集中度和渗透率都非常低。难以开拓的市场的特点就是市场整体不是太成熟,近期内看不到很好的盈利模式,所以大部分厂家会采取观望的态度。如果没有技术变革或者政策推动,这样的市场很难做起来。如果产品经理决定进入这样的市场,需要有创造新商业模式以及改变世界的决心。

最后总结一下基于集中度和渗透率这两个指标衍生出的 4 种市场分类方式各自的特点,如表 3-3 所示。

表3-3 各种市场的特点分析

市场类型	市场特点	对产品经理的要求	赢取市场的难易程度
稳定市场	渗透率和集中度都很高的市场。已经形成了寡头玩家,并且市场中的客户已经教育完毕,养成了使用商业化产品的习惯	设计产品功能彻底颠覆该市场,或者借助新的技术更新从更高维度切入市场	难,不太建议新产品进入该市场
新市场	渗透率低但是集中度高的市场。市场空间大并且航道内的玩家没有形成很强的竞争局面	快速设计和迭代产品,与市场内其他产品功能对齐	易,建议快速切入该市场
群雄割据的市场	集中度低但是渗透率高的市场。市场还没有形成寡头垄断的局面,客户已经教育完毕	把握客户最本质的需求,创造出有特点、有新意的产品	中,可以考虑进入该市场,有一定市场机会
难以开拓的市场	集中度和渗透率都比较低的市场。这样的市场充满不确定性	新产品需要有创新性的商业模式,要具备自己创造新市场的决心	难,风险性较高的市场

3.1.3 市场产业链分析

产业链分析是市场分析的关键一环,任何一款商业化产品所在的市场都有它相应的产业链。往往商业化产品经理所设计的产品只是客户业务中的一环,最终客户需要解决的是一个链条性的问题,设计的产品是否符合用户和市场的需求,不光要基于产品功能本身去思考,也要结合上下游产业链去考虑。另外,了解了产品所在的产业链构成,对于产品后续的商业化推广和运营也很重要。产业链分析的本质是跨过产品所在的市场领域，站在上下游业务层面去看产品未来的走向。

什么是产业链呢？产业链最早来源于制造业，比如羽绒服品牌商制作一款羽绒服，需要连接上游的羽绒等原材料采购、服装设计和制作、服装销售这一系列流程，整套流程是一个产业链，每个链条由许多供应商构成。在大家比较熟悉的互联网领域，一个手机 App 的产业链由原始的 App 开发、App 审核、App 发布、App 推广、App 下载组成，如图 3-7 所示。

图 3-7　手机 App 产业链

App 开发这个领域存在着不同的开发模式，有些是用户自己组建开发团队，有些是采用承包给第三方来开发。在 App 审核和发布阶段，通常参与的厂家是几个大的 App 发布渠道，比如苹果 App Store 和华为应用商城。在 App 推广阶段业内有许多渠道，比如可以通过各大流量平台的广告促进推广，也可以通过一些线下运营活动促成品牌推广和下载。了解整体的产业链的上下游分布，以及各个环节的特点有助于做产品的整体规划和设计。

接下来基于 OCR 产品向读者介绍如何进行人工智能行业相关产品的产业链分析。首先 OCR 产品的核心功能是识别出图像中的文字，而 OCR 产品的本质是训练能提取图像文字的模型，OCR 产品的使用方式如图 3-8 所示。

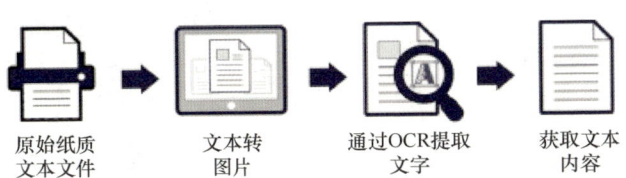

图 3-8　OCR 产品的使用方式

在市场产业链分析中，需要分析产品对应的上游以及下游环节，分析下游是为了挖掘出产品的依赖方，分析上游是为了找出产品的最终商业导向应该是什么样。最终通过上下游的市场分析（见图 3-9），确定产品的设计方式和走向。

那么 OCR 这款产品的上下游要如何分析呢？

产业链的分析一定要从上至下去做，先分析上游的业务导向，然后再反推下游的资源供应方有哪些。OCR 产品在很多领域都有广泛使用，比如识别身份证的信息可以方便一些企业的认证工作，提取驾驶证信息可以方便保险公司出险，提取发票信息可以方便企业报销。所以在 OCR 使用的最上游，通常是一些保险、交通、银行等领域的企业。而这些企业往往不是 OCR 产品的最终使用者，OCR 只是作为解决方案的一环。办过车险的同学应该都知道，在现场申请保险的时候都要提供驾驶证，然后保险员通常会拿着驾驶证在一台机器的摄像头下扫一下，证件信息就会自动录入到保险员的系统当中。虽然保险行业是 OCR 应用非常广泛的行业之一，但保险公司通常不是 OCR 产品的直接使用者，而直接使用者是扫描证件的机器制造商，这样 OCR 产品的上游就梳理清楚了。如图 3-10 所示，以证件类 OCR 产品为例，上游通常由一个技术集成商负责将 OCR 这样的技术服务包装成一套解决方案之类的产品，解决方案包含拍照、识别、数据录入等功能。再往上一级是解决方案的使用方——保险公司，最上游的业务方是保险申请者。

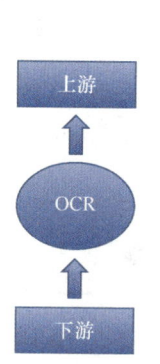

图 3-9　OCR 产品的上下游分析

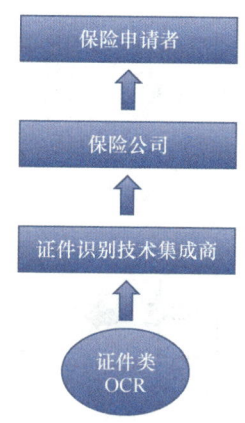

图 3-10　证件类 OCR 产品的上游分析

了解了 OCR 产品的上游产业链，接下来开始研究 OCR 的下游关系。机器学习模型训练需要有 3 个要素，一是计算力，二是计算需要的数据，三是模型训练使用的算法。训练所依赖的算法是 OCR 产品的核心功能，是 OCR 产品方需要自己掌握的，而计算力提供方和训练数据通常是 OCR 的下游依赖。OCR 产品方通常需要从云厂商或者 IDC 供应商购置训练所需要的计算资源，比如 GPU 机器。另外，产品方需要从数据标记公司去购入大量打标过的训练数据，比如做身份证识别的 OCR，需要获取大量的身份证图片数据并标记好图片中每一个模块的内容。于是一个完整的证件类 OCR 产品的上下游依赖就绘制出来了，如图 3-11 所示。

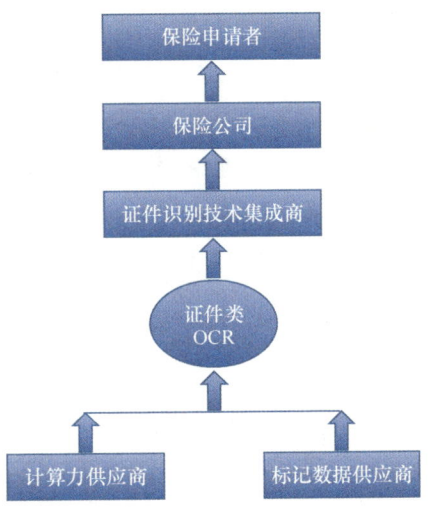

图 3-11 证件类 OCR 产品的下游分析

为产品绘制出完整的产业链上下游可以帮助产品经理制定商业策略，比如了解到 OCR 上游的采购商主要是一些针对金融认证领域的集成商，那么在规划 OCR 产品的时候就可以更偏向于去做认证相关的服务，向下游采购数据的时候也可以更多地去跟金融相关领域的数据提供商合作。

3.2 用户需求分析

做 ToB 类的产品，除了要了解市场的动态，具体的客户群体的需求也是需要重点分析的。因为 ToB 行业的特殊性，我们的客户可以区分为 User 和 Buyer，在第 1 章中介绍过这两者的区别。Buyer 是对产品买单的人，通常是公司的 CEO 或者相关采购部门。User 指的是最终实际使用产品的人，针对人工智能产品，User 可能是公司的工程师或者是具体的运营人员。所以在研究用户需求的时候，首先要区分的是这个需求的来源是 User 还是 Buyer，其次再按照需求的不同维度做区分。本节也会对需求调研的客户调研方式和用户画像描述方式进行介绍。

3.2.1 用户需求的几个维度

产品经理经常会遇到一个问题，任何一个称职的产品都可以快速列出 N 个用户需求，但是这些需求怎么排优先级，按照哪些维度区分需要有一定的方法论来指导。合理地按照维度区分需求可以帮助产品经理梳理需求的优先级，更可以让产品经理理清思路并且更好地说服开发团队和团队负责人。需求可以按照强度、密度、长度、广度 4 个维度来区分，接下来就逐一介绍这些维度的含义，如表 3-4 所示。

表3-4 需求优先级

	User/Buyer	强度	密度	长度	广度
需求1	User				
	Buyer				
需求2	User				
	Buyer				

3.2.1.1 需求的强度

需求的强度又指需求的刚性，这类需求指的是用户的绝对痛点。如果实现了强度高的需求将大大提升用户的效率，提升用户满意度。对于需求是否是刚需的判断建议不要采取产品经理主观的判断，而是要实际跟具体客户去了解，如何跟客户进行调研和沟通会在下一节介绍。需求强度一定按照 User 和 Buyer 来区分，因为有些需求对于 User 或者 Buyer 都是有意义的，有些需求可能只针对其中的一个元素有比较大的意义。

以内容平台的自动鉴黄产品为例，很多视频内容分发平台在接受用户上传的视频的时候都会调用自动鉴黄产品自动进行视频是否涉黄的判断，用户在平台上调用产品检测功能，检测成功后才能完成视频上传。这款产品的 Buyer 是视频内容发布平台，最终 User 是上传视频的用户。这款产品对于 Buyer 是刚需，因为这款产品可以帮助平台方减少大量的人力校验视频的工作，而对于 User 则不是刚需，因为上传视频的用户是不会关心视频是被人工审核还是其他人工智能服务审核，只要能完成审核就符合了 User 的需求。

3.2.1.2 需求的密度

需求的密度指的是功能的使用频率，使用频率跟用户的黏性和计费模式的设计都息息相关。任何一个需求，先要分清楚对于 Buyer 来说，具体的调用量是怎样的，可能是每秒用一次，也可能每天用一次或每月用一次。摸清了使用密度，就可以对计费模式作指导，比如一个低频使用的产品如果按照调用次数来计费可能就不太合适。

低频使用的产品，是有办法引用一些高频的场景来提升产品密度的。比如支付宝的核心能力是收付款，这本身是一个低频使用的功能，但是支付宝为了让用户更多地打开 App 而提供了蚂蚁森林相关的功能，引导人们定期来获取其他好友的能量从而提升 App 的使用频率。但是在 ToB 场景下，通过引入高频服务场景而提升产品使用密度的行为并不多见，所以在使用这种方式的时候要谨慎。

3.2.1.3 需求的长度

需求的长度指的是每次使用该服务的使用时间，在具体设计收费策略的时候要同时考虑功能或产品的需求长度和需求密度来设计计费模型。如果想在产品端提升用户的需求使用时长，可以考虑为用户提供更多的服务。

3.2.1.4 需求的广度

需求的广度指的是需求的覆盖范围，当确定了一个市场之后，会有针对性地开发需求去满足这个市场，广度指的是这个需求在市场的覆盖面，按照市场的覆盖面积来衡量，比如覆盖了 80% 的市场需求或者 60% 的市场需求，覆盖面越大说明需求的广度越大。

需求的强度、密度、长度、广度是衡量用户需求的重要指标，建议产品经理在做需求分析之前要针对 User 和 Buyer 分别对这 4 种需求进行分析。洞察需求的本质就是"让用户因你的产品而有所进步"，要通过新的需求设计帮助客户把业务做好、把效率提升、减少成本、抑制风险。

3.2.2 用户洞察的方法

3.2.1 节介绍了用户需求的几种划分维度，本节会介绍如何做用户洞察。为什么要做用户洞察呢？因为做产品的决策价值链包含 3 个步骤，用户信息→用户洞察→决策。通过用户洞察数据做需求分析意味着产品是由用户驱动而不是产品驱动，很多产品经理在做产品的时候都容易陷入产品驱动的陷阱。但是好产品不一定有市场，以用户为中心才能获取市场的共识。

在课堂上永远学不会用户洞察，调研的根基是一手客户数据。传统的用户调研方式有直接访谈和调研问卷两个模式。调研问卷比较适合针对长尾用户进行一些新需求的调研，在 ToB 场景下比较建议直接对头部客户或者市场内的重点客户通过上门访谈的方式来做用户调查，本节也会重点介绍问卷调研和拜访客户的一些方法。

3.2.2.1 问卷调查

问卷调研通常是 ToC 端产品经常应用的用户洞察手段，C 端产品的调研问卷往往通过邮件或者短信的方式向全部客户投放。ToB 场景的问卷调研与 ToC 场景的显著不同在于 B 端客户有更明确的客户分群，且 ToB 产品的客户数量往往没有 C 端产品那么多。所以在做 ToB 场景问卷调查的时候一定要先做客户的分群，将客户按照商业价值的不同作区分，然后发送问卷。

常用的客户划分方法可以把客户划分为头部客户、腰部客户和长尾客户。这 3 种客户的数量按照从少到多呈金字塔形分布，如图 3-12 所示。

图 3-12　客户划分方法

头部客户是主要贡献收入的客户,可能占到客户总数的前10%。其他客户是一些腰部客户和长尾客户。调查问卷的作用是调研新功能或者新产品是否能迎合市场,所以在 ToB 场景下能否通过调研问卷得到想要的市场反馈的关键在于能否获取各个层次的客户的有效反馈,特别是头部客户的反馈。

在问卷问题的设计上可以采取提出假设,让客户评分的方式。比如可以设计一个问题,"如果增加某功能,对您的帮助会有多大,请按照对您帮助的大小在 0～10 区间打分,0 为没有帮助,10 为帮助非常大"。得到问卷数据之后可以利用 NPS 研究法进行研究,NPS 研究法是将客户的满意度分成三档,可以分成"好""中庸""不好",如表 3-5 所示(每个档位的分数区间可以自己调整)。

表 3-5 满意度打分

分值	满意度
0～6 分	不好,不满意
7～8 分	中庸,正常
9～10 分	好,很满意

客户满意度的计算方式如下:

客户满意度 =(评价"好"的客户数 - 评价"不好"的客户数)/ 参与评价的客户数

针对客户满意度非常高和非常低的功能要重点研究,找到里面的具体原因。

3.2.2.2 拜访客户

在人工智能 ToB 场景下,拜访客户一定是了解用户心智最直接、最理想的方式。作者建议人工智能行业的 B 端产品经理,都要保持每周至少拜访客户一次。拜访客户有很多意义,可以帮助产品经理了解客户的需求,也可以帮助产品经理更好地维系与客户的关系,接下来针对拜访客户的几个重点需要关注的点来展开介绍。

(1)如何选取拜访客户的样本

跟问卷调查类似,拜访客户之前也要先将客户分层,针对头部客户、腰部客户、长尾客户分别选取一定比例的客户进行拜访,因为头部客户贡献了大比例的收入,建议不要错过登门拜访每个客户的机会,甚至要周期性地多次拜访。拜访腰部客户的主要目的是挖掘潜在机会,找到将腰部客户转化成头部客户的机会，所以可以挑些意愿强、潜力大的腰部客户拜访。长尾客户指的是一些使用频率低、客单价低的客户，可以选择少许客户进行拜访。

如果针对某个功能或产品一定要设置一个客户拜访数量，可以在不同客户群体中选择 12 个客户进行拜访，根据"The Voice of the Customer"中提到的理论，12 是投入产出比最高的客户拜访个数。

（2）快速定位客户的组织架构关系

拜访客户在做产品功能交流之前，首先要确定客户的组织架构关系。通俗来讲就是找出客户里面真正能做主的人（Buyer）以及干活的人（User）。针对不同角色的人要有不同的沟通策略，比如针对 Buyer 要强调产品能帮助客户提升效率减少成本，因为 Buyer 最关心的是成本。针对 User 要强调产品使用的方便和快捷性，User 最关心的是如何使用。

客户的组织架构关系可以通过客户在会议时候的发言和座位顺序判断，也可以直接向客户询问。每次客户拜访后要做访谈记录，需要明确记录客户的组织架构关系，方便日后与客户沟通的过程中能直接找到关键人。产品经理在做 ToB 服务的时候经常会把时间浪费在各种沟通方面，如果每次沟通能有目的地直接对应到客户的关键人和决策者，将大大提升沟通效率。

（3）让客户多讲

客户拜访的主要目的是帮助客户提升自己的效率，在与客户交流的过程中一定要以客户的痛点为核心展开讨论。有的产品经理在访谈的时候经常以自己的产品功能为核心，高谈阔论自己的产品有哪些优势，但产品的优势不一定是客户所需要的，也不一定能解决客户最痛的问题。

所以在拜访客户的时候，一定要让客户先讲。引导客户介绍自己的业务以及业务中的痛点，再有针对性地展开讨论。

（4）产品销售的不同时期的拜访策略

产品销售的生命周期可以分为售前、售中、售后，在不同周期拜访客户要采用不同的沟通策略。

售前阶段，最重要的一点是让客户打开心扉，建立同理心。通过专业化的沟通先建立客户信任，引导客户说出自己的问题。在获取问题之后，可以通过 PPT 演示或者直接展示产品功能的方式证明产品的能力，然后跟客户建立下一步的合作意向。售前阶段一定要跟客户建立下一阶段的 To Do List，不然就成了单纯的产品介绍。售前阶段可以争取跟客户达成以下协议的一种。

- 产品功能满足客户需求，配合客户做进一步的测试。
- 产品功能不满足需求，将需求带回开发团队讨论，如果认为需求是普适性需求，那么就要有针对性地开发，并且明确告知客户上线时间点。如果没有进一步开发的计划，也要告知用户暂时不支持该功能，不做过多的承诺。

进入售中阶段，表明客户有明确的采购意愿，这个阶段是拜访过程中最关键的阶段，直接影响产品的商业化进程。产品经理在沟通之前，一定要提前帮助客户计算好产品后续的消费计划，要用具体的客户使用数据做依据，并且给出一定预估。在拜访过程中，要明确跟客户告知产品的收费情况和 SLA，以免后期跟客户在价格或服务上出现分歧。另外也要在沟通中收集客户的需求和可以优化的改进点，这样可以进一步增进客户的采购信心。

售后阶段的沟通，大部分情况是现场给客户解决问题。另外也可以多了解用户业务的进展和下一步计划，这样可以有针对性地进行相关功能的开发，给后续的其他售卖留出空间。售后阶段是产品伴随客户业务不断增长的阶段，通过不断满足客户业务的新需求来锤炼产品，同时也可以从商业层面推进用户升级，将长尾客户转化成腰部客户，将腰部客户转化成头部客户。

3.2.3 客户分层

客户分层是用户需求分析中的关键一环，客户分层可以帮助产品经理快速理解各个层级客户的区别，方便制定产品规划以及日后的营销和售卖策略。在 ToB 产品环境下，客户分层需要满足两个层面的含义，一层是帮助产品经理理解这个市场的客户情况，另一层是为制定营销和售卖计划做辅助。所以在做客户分层的时候需要制作两种画像，一种是客户属性画像，客户属性画像需要客观地描述客户的特点。另一种是客户价值画像，主要描述客户对于产品的价值大小。

3.2.3.1 客户属性画像

客户属性画像指的是按照客户的自身情况对客户进行划分。划分的规则一般先分行业，再分领域。行业指的是比较大的方向，比如交通、教育、医疗、消费互联网，这些是大的行业。领域指的是在每个行业中的子方向，以大家都比较熟悉的消费互联网行业为例，这个行业基本上是由大家手机中不同的 App 构成。在 App 商城中，已经可以按照领域去检索不同类型的 App，如图 3-13 所示。

图 3-13　按分类查看 App

消费互联网行业的手机应用可以分为通讯社交、应用分发、移动工具、旅游服务等领域。当确定了客户的行业和领域之后，就可以了解到客户是做什么方向的。接下来还需要知道客户有多大体量，仍以消费互联网行业为例，客户体量一般可以根据客户的 DAU 或者 MAU 去衡量，DAU 指的是日活跃用户，MAU 指的是月活跃用户，比如 DAU 在 3000 万以上可以划分为头部客户，DAU 在 500 万到 3000 万之间为腰部客户，DAU 在 500 万以下为尾部客户。按照客户的行业→领域→体量去划分，就可以快速地实现用户分层。这种分层方式是对客户属性的客观描述，可以称为客户属性画像。

3.2.3.2　客户价值画像

客户价值画像是通过某种方法评估客户对于我方业务的影响，常用的客户价值分层工具有 AARRR 模型、RFM 模型等。本书重点介绍 RFM 模型，大家日常工作中也可以借鉴 RFM 模型来评估客户价值的大小。

RFM 模型是根据客户活跃度和交易金额的贡献进行客户价值细分的一种方法，一般用于对已有客户的调研。RFM 模型的 R、F、M 这 3 个字母分别有不同的含义。

- R（Recency）代表最近一次交易的时间间隔。基于最近一次交易日期计算的得分，距离当前日期越近得分越高。可以用3分制表示，比如3分表示最近1周有交易，2分表示最近一个月有交易，1分表示最近一个月都没有交易。每个分数的阈值可以根据业务的不同去自行调整。
- F（Frequency）代表客户最近一段时间内的交易次数。基于交易频率计算得分，频率越高得分越高。比如可以设定近一个月的交易次数如果大于10则为3分，近一个月的交易次数在3~9为2分，近一个月的交易次数小于3次为1分。
- M（Monetray）代表客户最近一段时间的交易金额。基于交易的金额计算得分，金额越高得分越高。比如最近一个月交易金额大于10万为1分，最近一个月交易金额在5万~10万为2分，小于5万为1分。

最后，我们可以计算一个总分，RFM分数=R分数+F分数+M分数。

RFM模型为客户价值分层贡献了一个可量化的标准，这个标准建立在交易时间间隔、交易频率、交易金额这3个维度之上。产品经理和前方业务人员可以根据RFM的标准去评估每个客户的价值大小。

按照RFM的3个评估维度，可以取每个类别的平均分数，然后对于高于该类别平均分数的客户在该类别标为"高"，低于该类别平均分数的客户在该类别标为"低"。将客户按照每个类别的"高"和"低"快速分成8层，如表3-6所示。

表3-6　按照RFM模型进行评分

R分数	F分数	M分数	客户分层
高	高	高	高价值客户
低	高	高	重点保持客户
高	低	高	重点发展客户
低	低	高	重点挽留客户
高	高	低	一般价值客户
低	高	低	一般保持客户
高	低	低	一般发展客户
低	低	低	潜在客户

通过 RFM 的评估标准可以快速将客户按照价值进行分层，方便后续的营销和售卖活动。

3.2.4 客户画像模型

客户画像模型（Persona）是 Alan Cooper 在《About Face：交互设计精髓》中提到的一种帮助产品经理梳理客户画像的方法论。在 Persona 的理论中强调通过用户调查分析的方式建立起"形象"的客户画像，这个"形象"一定要落实的一个真实的客户身上。传统的用户画像强调概括性，比如性别男、年龄大于 40 岁、居住地为城市，在 Persona 理论中，要描绘出具体的客户，比如性别男、年龄 41 岁、居住在北京。图 3-14 是一个 C 端产品的标准客户的 Persona，包含具体的姓名、年龄、职业、一句话的描述、甚至照片。

图3-14　Persona 客户画像示例

在人工智能 ToB 场景下，一般是先做客户分层，然后借助 Persona 的方式对客户进行形象的描述。这样做的好处非常多，其中之一是让产品的销售人员能更直观地了解产品的受众。因为大部分人工智能产品是技术型产品，有一定的认知门槛。产品的前方销售人员不一定具备很强的技术能力，如果销售人员对产品的潜在客户不了解，将在很大程度上影响产品的商业推广。但是如果可以提供给销售一份 Persona 客户画像，告诉销售人员客户是什么领域的、具有多大的融资规模、有多少技术团队等详细信息，这将有利于销售快速了解产品的受众。

那么人工智能 B 端产品的 Persona 通常需要具备哪些元素呢？可以包含客户所处行业、公司规模、具体使用方的团队规模、使用方团队的技术背景等。准确地梳理 Persona 用户画像，可以帮助产品经理和业务团队精准地定位客户。ToB 领域的营销策略强调的是将客户分层，针对每层客户制定不同的打法策略，而且极少数商业化产品可以覆盖全部的客户层次。结合作者自身的从业经历可以得出这样的结论："如果一款产品认为自己可以覆盖全领域的客户，那么这款产品一定没办法在市场方面拿到好的结果"。所以 Persona 画像可以定义客户，也可以定义目标市场。

Persona 画像的一个重点就是每个客户的画像指标，一定要有具体的数字衡量。举一个例子，假设做一款商业化的智能推荐引擎产品，需要设定客户画像。传统的客户画像通常是图 3-15 所示的模式，通常会给出一些客户对应的产品核心指标的范围。

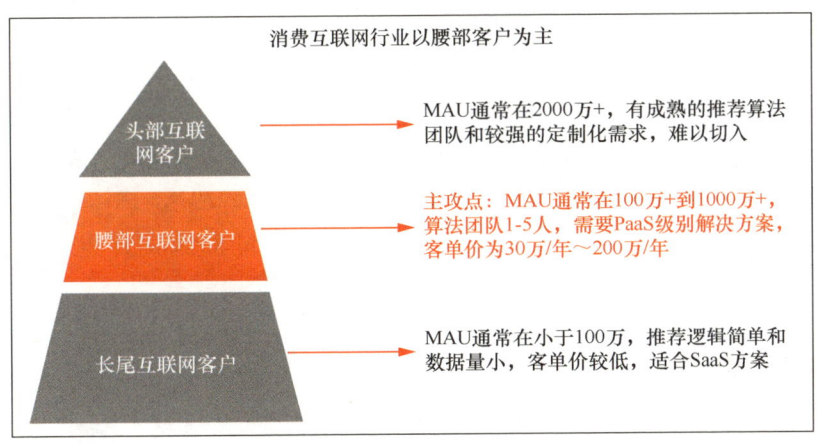

图 3-15　传统的客户画像

在 Persona 客户画像分析中，除了上述的传统模式分析，还包含具体的客户案例，案例要具体到客户的名称是什么、团队究竟几个人、每年的 IT 投入什么规模、业务是什么等，要像用记叙文的方式一样去描写一个客户，站在客户的角度去描写客户目前的处境，写清楚客户的想法是什么。举个例子，如图 3-16 所示。

图 3-16　典型的客户 Persona

用户画像 Persona 既要包含传统意义上的客户画像分析，也要包含具体到某个客户的分析。在传统的客户画像分析中，一些关键指标能帮助前方业务人员快速定位产品目标客户的大致区间范围。接着通过具体客户的画像刻画帮助业务人员进一步明确客户的顾虑是什么、合作的重要因素是什么、客户方重要的决策人是谁。这样就可以通过 1～3 页 PPT，快速梳理清楚商业化产品对应的目标客户，大大提升前方业务人员甄别客户的效率。

3.3　竞品分析

竞品分析是产品建设过程中的关键一环，对于产品经理来说是一个要不断持续的工作。在产品建设前，竞品分析是 MRD 的重要组成部分，可以为产品的建设指明方向，并且可以帮助产品经理树立基本的市场认知。在产品建设工作中，竞品分析可以为产品功能树立一个标尺，让产品经理清晰地认识到产品功能要建设到什么样的程度才能在市场卡位阶段占据优势。本节将会针对竞品分析中可能涉及的几个方面做详细的介绍，分别介绍竞品分析的几个误区、如何确定竞品、人工智能行业中竞品分析的几个维度。

3.3.1 竞品分析的误区

在做竞品分析的过程中，最需要注意的一点就是不要陷入"贴身肉搏"状态。"贴身肉搏"指的是只关注眼前，只关注细节的功能点，因为这样会把跟竞品的比较陷入一个狭小的空间，可能会被视野外的竞品降维打击。如果要避免"贴身肉搏"，需要避开以下几个误区。

3.3.1.1 不关注市场环境

市场指的是产品所在领域的用户的关注点，在竞品分析过程中一定要关注市场的动向、资本的动向或者技术的改进都可能影响用户的心智，也影响竞品分析的关注点。

举一个生活中的例子，方便面曾经是大众特别喜欢的食品，用户选择方便面通常是因为方便面烹饪比较容易的特点，方便面厂家之间为了争夺用户也做了很多相互间的竞品分析和措施，比如增加面饼大小或者增加叉子的易用性。但是真正让方便面这个产业下滑的原因并不是传统的方便面厂家之间的竞争而造成的，而是外卖这个行业的兴起，改变了客户的心智，让客户发现原来送货上门是更轻便的一种模式。

所以，在做竞品分析的时候，如果剥离了市场环境的变化造成的影响，很有可能陷入局部竞争，形成贴身肉搏的不利局面。在人工智能 ToB 产品领域一样有类似的例子，早年间做图像分析服务的产品，建模工作大都使用传统的机器学习算法，产品间的竞争都在比谁的算法更丰富、谁的参数调整得更优。当行业的技术出现突破之后，深度学习被验证在图像领域有更好的表现，之前竞品间基于传统算法的一些维度的比较在深度学习领域并不适用。

于是，在做市场分析的过程中，一定要关注市场环境的变化。

3.3.1.2 不关注个体特征差异

在市场竞争中，每个产品隶属于一家公司或者一个团队。产品所属方的一些属性和特点也决定了市场的竞对关系，在做竞品分析的时候要关注不同个体的差异，这种差异通常表现在不同公司的资源层面。

比如 A 和 B 是两款竞对产品，A 来自一家大公司，有庞大的开发和销售资源。B 来自一家小公司，各种资源无法与 A 相比。B 的前端交互做得比较精美，因为开发资源有限，B 会在用户体验等轻交互领域多下功夫。A 作为一家大公司的产品，在做竞对分析的时候，不要只看到 B 的前端体验好，就一味地提升这方面的优先级，而是要思考如何利用资源不对称的优势去跟 B 做不对称竞争，争取在算法领先性、计算效率等核心功能模块打败竞争对手。比如 A 可以利用大公司在资金层面的优势，直接通过压低价格去跟 B 竞争，形成不对等竞争关系。区分不同个体的差异，找到不对称竞争优势点是避免"贴身肉搏"的好方法。

3.3.1.3 以动态方式看竞品

竞品分析中一个比较大的误区就是竞品分析报告做得不及时，有的产品经理没有养成周期性的分析竞品的习惯，拿着一年以前的竞品分析来指导决策，有时候会导致产品的灾难性设计，特别是在人工智能 ToB 这种产品和技术迭代周期很短的领域，竞品分析要做到月级别甚至周级别。不以静态的方式看竞品，要用动态的方式去看待竞对。

在 ToB 领域最显著的案例就是产品定价的改变，有些产品可能定价相对比较稳定，但是会在关键的时间点利用运营活动压价，通过价格优势抢占市场。这就要求产品经理要定期有意识地收集不同竞品的价格。总而言之，以动态的方式看竞品要求产品经理时刻留意竞品在功能上的改进、在技术上的突破、在商业策略上的新玩法，并且制订有针对性的策略。

3.3.2 用WHW法确定竞品范围

在做竞品分析的时候不要只把目光对照一些功能相似的直接竞品，也要关注一些广义层面上的竞品。在框定竞品范围的过程中可以利用 WHW 法去确定直接竞品、间接竞品和广义竞品。

WHW 法用于区分竞品的 3 个维度，分别是 Who、How、What。其中 Who 的含义是产品对应的 User 和 Buyer 分别是谁，How 指代的是产品用什么方式服务客户，What 表示产品为客户提供什么样的服务。如果两个产品的 Who、How、What 完全相同，则这两个产品是直接竞品。如果两个产品在 Who、How、What 中有两个维度相同，那么是间接竞品。如果两个产品的 Who、How、What 只有一个维度相同，则是广义竞品。

在人工智能 ToB 行业中，直接竞品是比较容易确定的。以机器学习算法平台这款产品为例，阿里巴巴、百度、腾讯都有机器学习云端算法平台，User 和 Buyer 比较相似，Buyer 是购买产品的公司的 CEO 或者 CTO，User 是公司内实际使用算法的工程师。在服务输出方式（How）层面，云端的机器学习算法平台通常以公有云和专有云部署两种标准输出模式。在提供的服务（What）层面，机器学习平台都以输出算法、算法框架、模型服务为主。

间接竞品需要满足 Who、How、What 中的两个维度，在算法平台领域，有许多小规模的公司以定制化算法为主营业务，这些公司面对的 Who 和提供的 What 与阿里、百度、腾讯的机器学习平台相似，但是输出形式不同，他们主要以帮客户做定制化需求为主，并不以标准的产品模式作为输出。那么这种提供算法定制化的公司就是阿里、百度、腾讯这些公司的机器学习平台的间接竞品。

在算法平台领域，广义竞品的范围就比较大了。可能是在 Who 这个层面相同的，比如一些针对算法工程师或者 CEO 的培训课程，因为客户一旦通过培训课程了解了算法平台的技术细节，就有可能自建平台而放弃购买商业化产品。因此从某种意义上讲，基于开源算法的应用培训课程也是广义竞品。广义竞品也可能是同样基于公有云或专有云输出的虚拟机服务器这样的产品，因为客户完全可以基于服务器去自建算法平台。

经过以上分析，假设我们以阿里云上的算法平台为目标，那么它的直接竞品、间接竞品、广义竞品就比较清楚了，可以通过表 3-7 来说明。

表3-7 基于算法平台的竞品分析

竞品类型	产品名称	Who (Buyer)	Who (User)	How	What
目标产品	阿里机器学习平台	购买产品的公司 CEO、CTO	购买产品的公司的工程师	公有云、专有云的标准化产品售卖模式	算法和算法框架
直接竞品	腾讯云机器学习平台	购买产品的公司 CEO、CTO	购买产品的公司的工程师	公有云、专有云的标准化产品售卖模式	算法和算法框架
直接竞品	百度云机器学习平台	购买产品的公司 CEO、CTO	购买产品的公司的工程师	公有云、专有云的标准化产品售卖模式	算法和算法框架
间接竞品	做算法定制化开发的公司	购买产品的公司 CEO、CTO	购买产品的公司的工程师	为客户做定制化需求	算法和算法框架
广义竞品	算法培训机构	购买产品的公司 CEO、CTO	购买产品的公司的工程师	通过赋能让客户自己实现	学习材料
广义竞品	服务器	购买产品的公司 CEO、CTO	购买产品的公司的工程师	依赖客户自己实现	计算资源

有了这张清晰的表格，就可以方便产品经理、销售、运营、开发成员、团队领导清楚地了解产品目前的直接竞品有哪些，以及随着产品的不断发展，会遇到哪些潜在的间接竞品。这样产品经理在设计功能的时候可以提前做一些布局，避免日后陷入跟竞对产品的"贴身肉搏"。

3.3.3 竞品分析的几个维度

在人工智能 ToB 这个行业里，产品可以分成很多层，比如按照架构区分，可以分成 IaaS 层产品（底层资源层）、PaaS 层产品（中间平台层产品）、SaaS 层产品（业务层）。每一层的产品需要关注的竞品维度也并不相同，比如 IaaS 层产品更需要关注稳定性、性能等指标。PaaS 层产品需要关注拓展性、效率。SaaS 层产品要关注的是易用性、可达性等。本节会对 ToB 人工智能产品的几个维度分别做详细的描述，以便大家在日后工作中可以使用。

3.3.3.1 售卖方式

价格是 ToB 产品的一个极其重要的指标。举个例子，如果 A 和 B 两个产品是竞品，但是 A 只相当于 B 产品 70% 的功能，假设 A 可以把价格压到 B

的 50%，A 在市场竞争中并不一定会输给 B。售卖方式是价格的超集，因为商品的定价往往是固定的，比如每个 GPU 卡每小时卖多少元。但是具体的售卖方式可以是灵活变化的，比如可以针对大客户打 7 折，也可能采用每天前两个小时免费试用的运营策略。所以在竞品比对方面，不单要关注价格这一点，还要针对产品的售卖模式做整体的分析。

在 ToB 领域，产品价格往往是公开的，因为每款商业化产品，都会有一个公网的访问地址，在里面可以直接拿到价格或者向客服提问得到价格。以 AWS 为例，可以直接登录 AWS 网站的价格页面，并且在页面上可以找到每个产品的定价，如图 3-17 所示。

处理	
Amazon SageMaker 处理作业	
标准实例 – 最新一代	每小时价格
ml.t2.medium	0.0464 USD
ml.t2.large	0.1299 USD
ml.t2.xlarge	0.2598 USD
ml.t2.2xlarge	0.5197 USD
ml.t3.medium	0.0582 USD
ml.t3.large	0.1165 USD
ml.t3.xlarge	0.233 USD

图 3-17　AWS 的产品价格

售卖模式是一个比较难直接获取的信息，比如竞品可能会针对大客户进行满减策略或者直接打包销售多款产品给一个统一的折扣。因为价格是公开信息，其实竞品间在价格上可以做的文章不多，售卖模式就是一个重要的可差异化竞争的点。取得竞品的售卖模式可能需要使用一些方法，比如可以从大家共同的客户那边了解，或者通过参加竞品的线下沙龙的方式获取信息。

3.3.3.2　产品可达性

产品可达性指的是产品是通过什么渠道触达用户以及如何让用户实际使

用起来。ToB 产品与 ToC 产品的一个特别大的区别在于产品的可达性。互联网 ToC 产品通常是以 App 的形式输出，所有用户理论上只要能联网，就能够直接通过 App 市场触达到这些应用。

而 ToB 产品触达用户讲究渠道性，目前大部分的云端 ToB 产品都包含两种触达渠道，一种是针对长尾客户的直接在网站售卖的形式，比如各个云厂商的网站首页，如图 3-18 所示。

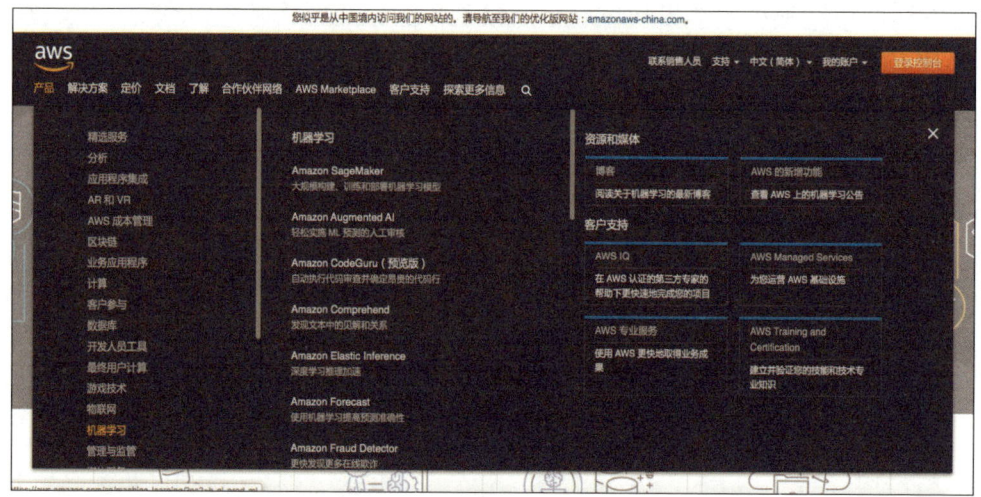

图 3-18　AWS 网站的首页

对于一些消费能力比较强的企业级客户，他们会通过销售直接与客户建立联系的方式触达。另外，在一些垂直的领域，比如政府或者央企客户，很多 ToB 产品并没有办法直接触达客户，需要通过一些行业内的合作伙伴（Independent Software Vendors，ISV）去触达客户。

针对不同产品如何实现用户的可达性一定是竞品分析中非常重要的一个维度，这关系到产品在商业中是否能占据市场先机。例如某款竞品在某个领域，已经与头部客户建立了很好的合作关系，客户触达能力极强，那么再去针对这个领域跟这款产品作比较就比较困难了。

3.3.3.3　技术领先性

目前市面上的绝大部分人工智能 ToB 产品的核心是算法或者算法框架，本质是技术能力的售卖。整个人工智能行业的技术处于快速发展的阶段，更新也比较快，所以各个产品底层核心技术的更新也比较频繁。以语音识别场景来说，不同的技术架构可能会导致最终产品的识别准确率和响应效率的巨大差别，这种技术型架构在 ToB 市场上也是重要的竞标项，所以掌握各个产品当前使用的技术以及后续的技术演变方向非常关键。这些核心技术相关的信息可以通过产品对外披露的材料、论文、峰会的宣讲获得。技术领先性的调研也是竞品分析中的重要一环。

3.3.3.4 产品可用性

产品可用性指的是传统的竞品功能指标对应表，对于直接竞品来讲，产品服务的对象、提供的能力都比较类似，可以基于领域内的通用功能列出一张对照表（见表 3-8），对比各个竞品间实际的功能差距。

表3-8 竞品功能指标

	产品A	产品B
功能1		
功能2		
功能3		
功能4		

绘制可用性功能对照表格的前提是产品经理需要实际使用各个产品的不同功能。产品经理只有把自己当成"小白鼠"，一点点地实际使用并研究竞品的功能，才能获取真正的使用体感。这样做除了可以将可用性功能对比表格绘制得更准确，同时也能在做竞品分析的过程中不断汲取竞品的功能亮点，对改进自己的产品大有裨益。

3.3.3.5 产品的客户价值

在 ToB 领域，产品的客户价值主要体现为"降本"或者"提效"两个方面。比较不同竞品的客户价值，实际上是在比较产品能帮用户降低多少成本、提升多少开发效率。

举一个自动分类视频的例子，大家知道很多视频 UGC 网站都开放用户上传视频的功能。视频网站的运营需要精准地归类这些视频，比如挑选出体育相关的视频放到同一类目下，方便用户浏览。传统的做法是网站雇佣几个视频分类员，每天不停地观看上传到网站的视频并且分类。这样做的问题在于分类员处理效率很低，每天可能只能处理 100 个视频的分类任务。智能视频分类产品可以做到自动对视频按照类别归档，好处就是效率很高，基本上每天可以处理几千个甚至上万个视频。这款产品传达给客户的价值就是可以帮助客户节约雇佣视频分类人员的费用，并且提升视频分类的效率。

产品的客户价值是产品的核心卖点，影响着客户的最终采购决策，所以一定要在竞品分析的时候对不同竞品间的客户价值做详细的分析。

竞品分析是产品经理的必修课，本节结合人工智能 ToB 领域的一些特点介绍竞品分析的方法。首先在做竞品分析前，要尽可能把视角放到更高的位置，规避竞品分析的误区，避免"贴身肉搏"这种情况的发生。在做竞品分析的过程中，可以利用 WHW 法确定直接竞品、间接竞品、广义竞品。确定了竞品之后，可以基于产品的售卖方式、可达性、技术领先性、功能可用性、客户价值这几个维度做详细的竞品分析报告，最终报告呈现可以以表 3-9 为模板。

表3-9 竞品分析报告模板

产品名称	竞品类型	售卖方式	可达性	技术领先性	功能可用性	客户价值
产品1	直接\间接\广义竞品					
产品2	直接\间接\广义竞品					
产品3	直接\间接\广义竞品					

3.4 本章小结

本章介绍了人工智能产品的市场洞察理论，在市场洞察阶段要分别做市场分析、用户需求分析、竞品分析这 3 个关键因素。在市场分析层面，可以利用 PEST 分析法，从政策、市场规模、技术发展、大众看法这 4 个方面构建宏观的市场认知，接着通过集中度和渗透率分析得出抢占市场的概率，最后通过产业链分析了解市场的上下游依赖，为日后营销和售卖提供辅助。

在用户需求分析层面，本章介绍了用户分析的不同维度，如何确定强度、密度、广度、长度。另外也介绍了如何做客户拜访和问卷调查。最后介绍了客户分层方法和客户 Persona 画像方法。通过这些方法可以帮助产品经理更好地了解客户，掌握市场需求。

在竞品分析阶段，介绍了竞品分析存在的几点误区，强调在做竞品分析阶段要重点关注市场环境，要注重竞品间的个体差异，要以动态的模式去研究竞品。接着介绍了如何通过 WHW 方法确定直接竞品、间接竞品和广义竞品。最后介绍了竞品分析的几个关键维度，分别是售卖方式、产品可达性、技术领先性、产品可用性和产品的客户价值。

3.5 解惑答疑

在人工智能产品市场洞察这一章中，大家可能比较关心的几个问题总结如下。

问题 1：产品经理要拜访客户吗？

答：非常有必要，对于关键客户甚至要周期性拜访。拜访客户可以拿到客户需求的第一手资料，是产品经理做用户需求、市场分析的最直接参考。

问题 2：如何判断产品是否有市场机会？

答：可以先通过 PEST 分析市场的大方向，接着通过分析集中度和渗透率来确定产品是否能在市场获取机会，机会有多大。最后通过产业链分析获取产品的上下游依赖，从全产业链的角度分析市场。

第 4 章
人工智能产品规划

在前面的市场分析、竞品分析、用户调研等章节，作者回答了如何发现市场机会，如何判断市场机会有多大这些问题。既然有了市场机会，就要通过产品去撕开市场的口子，占领这些机会点。建设产品的前提是做产品规划，产品规划的作用类似一个立项文件，统一所有参与人的思想，确定产品的产品目标和路线图。

产品规划的重点侧重于规划产品不易变的部分，在 ToB 领域不同于 ToC 领域的一个特点就是，ToB 领域一定会遇到各种各样的用户定制化需求，特别是在服务大客户的时候。ToB 产品与 ToC 产品在产品规划方面的区别可以通过 2∶8 原则与 8∶2 原则来区分，两种原则的具体说明如图 4-1 所示。

ToB产品	ToC产品
2:8原则： 产品的目标是满足20%用户的80%需求 市场策略： 占领细分市场，逐步扩张	8:2原则： 产品的目标是满足80%用户的20%需求 市场策略： 快速占领尽可能大的市场

图 4-1　ToB 产品与 ToC 产品在产品规划方面的区别

不同于 C 端产品，B 端产品在做产品规划的时候往往要先把目标用户确定在一个比较小的领域，因为 B 端产品一定要满足用户 80% 以上的需求才能为用户所用。如果在规划的时候就把目标用户圈定在一个特别大的范围，会导致整个产品的开发周期过长，容易失去市场机会。有一个 ToB 产品的价值模型说得特别好：

产品价值＝新产品功能－旧产品功能－迁移成本

这也意味着，如果 B 端产品想占领客户心智，需要在产品规划方面满足目标客户尽可能多的需求。产品规划的方向是保证整个产品在时间可控的情况下满足预期市场客户至少 80% 的功能需求。剩下 20% 的需求可能是需要演进的功能也可能是需要定制化开发的功能，对于这些存在变数的功能可以在产品规划过程中预留一些开发的资源，不做具体的功能设计。

产品规划可以划分为以下几个步骤：产品定义、产品目标、梳理参与者权责、产品业务流程及架构、具体实施计划，如图 4-2 所示。接下来会分别针对上述 5 点内容展开介绍。

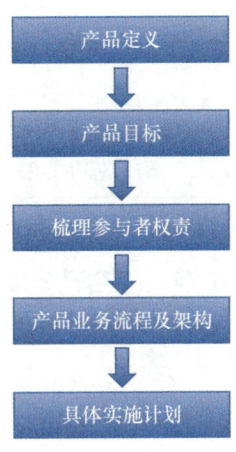

图 4-2　产品规划步骤

4.1　产品定义

产品规划第一步要定义清楚准备实现的产品具体是什么。人工智能 ToB 产品可以从 Who、What、How 这 3 个维度去定义。

- Who：User 是谁，Buyer 是谁。
- What：为 User 和 Buyer 提供什么样的价值。
- How：如何为 User 和 Buyer 提供这样的价值。

以视频自动分类这个产品为例，这种产品可以自动将视频批量地按照体育、娱乐、科技、美食这样的标签分类。那么这款产品服务的 Buyer 往往是视频网站的老板，User 是视频网站的运营人员。为 Buyer 创造的价值是可以节省视频分拣员的工资投入，因为传统的视频分类是通过视频分拣员观看每个视频然后再分类的。对于 User 的价值是可以帮助运营人员提升效率，过去依靠人眼分类，每天能处理 1000 个视频，使用自动视频分类产品每天可以处理上万个视频。为 User 和 Buyer 提供服务的方式可能就是一个云端的视频分类 API，User 指定云端的一个视频存储路径并发送这个路径到视频分类 API，后端的视频分类产品会自动完成该路径下的视频分类工作。

产品定义可以绘制成表 4-1 所示的形式。

表4-1 产品定义

	人员	Who	What	How
视频自动分类产品	Buyer	网站老板	节约视频分拣员的工资开销	提供云端的 API 服务
	User	网站运营	提升视频分类效率	提供云端的 API 服务

4.2 产品目标

定义好产品之后，怎么定义产品目标呢？可以基于 SMART 原则定义。

（1）明确性（Specific）

明确性指的是产品目标一定要非常清晰，让大家都容易理解，不会产生歧义。还以视频自动分类这个产品为例，如果定义这个产品的目标是做视频分类就会产生歧义。因为视频分类可以基于算法去自动实现，也可以基于人眼观看视频的方式去实现，所以在做目标定义的时候要有明确的目标约束。

（2）可量化性（Measurable）

可量化性指的是目标可量化，对于 ToB 产品来说，通常会通过市场占有率、营收金额、用户量去衡量产品的目标达成率。

（3）可实现性（Attainable）

可实现性比较好理解，就是目标一定要可能达成，不然设定目标就成了空谈。可实现性要依赖市场分析、用户调研、竞品分析这些前期的市场分析报告来评估。

（4）相关性（Relevant）

相关性指的是子目标之间的关联关系，因为在设定目标的时候通常会指定一个大目标，比如 5 个月完成销售额 500 万，然后可以将大目标拆解成部分小目标。拆解可以是横向拆解，比如每个月完成 100 万，如图 4-3 所示。

也可能是几个模块的纵向拆解，比如要赚 500 万，需要至少获取 10 个客单价 50 万的客户，假设赢单率为 10%，获取 10 个客户需要前方销售带回来 100 个客户商机。可以纵向拆解目标如图 4-4 所示。

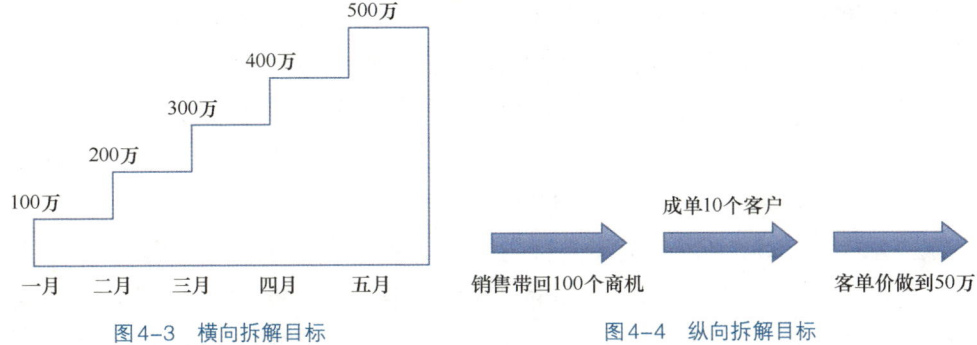

图 4-3　横向拆解目标　　　　　图 4-4　纵向拆解目标

（5）时限性（Time-bound）

时限性指的是目标一定要限制在一定的时间内完成，比如要完成售卖 500 万的目标，如果不加上时间期限的限制，那这个目标的设定就失去了意义。一个产品每个月完成 500 万的销售，那么这个产品可以称作一个现金流。如果产品 10 年才完成 500 万的销售额，估计这款产品离下线不远了。所以任何目标的制定，一定要加上时间的限制。

4.3　梳理参与者权责

一个成功的商业化产品的背后一定是一个配合紧密的团队。产品规划的一个重要的前提是要"聚力"，将有可能涉及的合作方通过某个共同的价值目标捆绑到一起，这种"聚力"在大公司特别是云厂商尤其重要。通常商业化产品的开发离不开以下这些角色：产品经理、交互设计师、销售、售前工程师、售后工程师、运营、开发、测试。在做产品规划的时候一定要提前找到对应角色中可以合作的团队并且提前通气，确定该团队的资源。如果在规划阶段不跟各个关联团队绑定，就会出现一系列问题。比如产品已经上线了并且卖出去了，才通知售后工程师去支持，售后工程师甚至来不及学习这款产品的基本功能，这样就谈不上紧密配合了。

可能在某些公司同一角色会出现在多个团队，比如售前工程师组织架构内有 3 个团队都可以做某产品的售前支持，这时候产品经理一定要结合公司利益和个人利益找到最合适的合作方。评判标准就是要找 OKR（Objectives and

Key Results）或者 KPI（Key Performance Indicator）与之相吻合的团队。比如产品经理准备推出的是一款偏人工智能的产品，两个售前团队的目标分别是支持 1000 万人工智能产品的售卖和 1000 万大数据产品的售卖，显然第一个售前团队更适合合作。在做产品规划的时候可以提前跟该团队沟通，并且纳入到整个团队的合作体系。对于不同的团队间的关系和目标吻合度可以通过一个二维象限表示，如图 4-5 所示。对于目标吻合度高和合作关系密切的团队，一定要尽可能维护，在规划的时候多沟通并且预定资源。对哪些目标吻合度高而关系紧密度低的团队，可以作为潜在可能合作的团队，尽可能地争取该团队的资源。

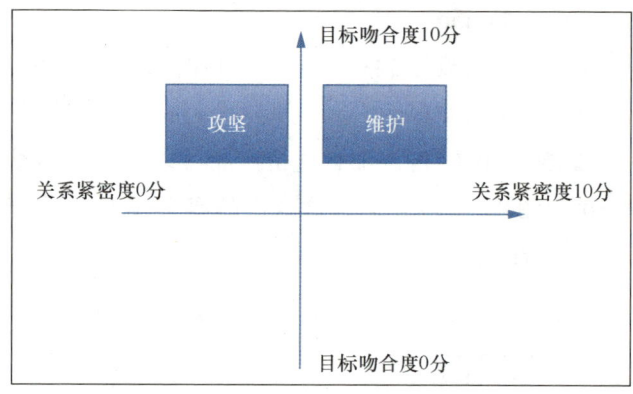

图 4-5　目标吻合度和关系紧密度的象限

当我们把产品整个周期里可以合作的角色以及对应团队全部确定下来以后，就可以针对职能部门的作用以及业务阶段这两个维度绘制出表 4-2 所示的权责细分表。

表 4-2　权责细分表

角色	调研和产品立项	产品功能评审	产品开发中	产品上线阶段	售前阶段	售后阶段
产品经理	市场调研并输出 MRD	准备 PRD		产品功能验收	输出市场销售白皮书，指导销售	支持客户问题，准备功能迭代
开发团队		输出技术架构方案	投入开发			
测试团队		输出测试方案		产品功能验收		

续表

角色	调研和产品立项	产品功能评审	产品开发中	产品上线阶段	售前阶段	售后阶段
设计团队		输出交互方案		产品交互还原		
运营团队			准备产品推广策略	向全量客户推广产品		
售前支持			学习产品具体功能		为客户输出产品落地的解决方案	
售后支持			学习产品具体功能			处理客户问题
销售				沟通潜在客户		

有了以上各个部门的权责细分表并且确定了每个角色的合作团队，就解决了团队职责相关的问题，接下来就是如何进行产品功能的设计和开发。

4.4 产品业务流程及架构

在产品业务流程及架构设计中，要明确产品有哪些模块以及这些模块对应的业务作用，这主要是为了方便各个团队明确具体要实现的产品雏形是什么样的，具有哪些功能。至于细节方面的交互设计，不需要体现在业务流程及架构中。业务流程可以通过用户的具体体验链路图说明，功能架构通常是以架构图的方式体现，需要表述清楚每个层级具体有哪些组成部分。

以智能推荐这个产品为例，用户使用产品后得到如图4-6所示的体验链路。其中菱形模块代表用户的具体行为，矩形模块代表产品功能模块，圆形模块代表功能模块的产出。

用户需要首先在购买模块生成订单，然后在登录模块登录，接着选择需要的算法并进行模型训练，得到推荐模型以后可以到模型部署模块将模型部署成线上服务。

整个功能模块架构图可以表示成如图4-7所示，根据技术依赖的上下级关系绘制出功能模块架构图，这样对于技术架构的描述就很清晰了。

第 4 章 人工智能产品规划

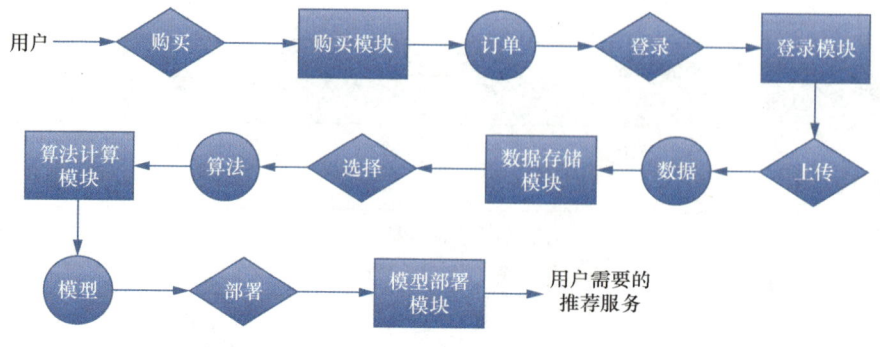

图 4-6 用户体验链路

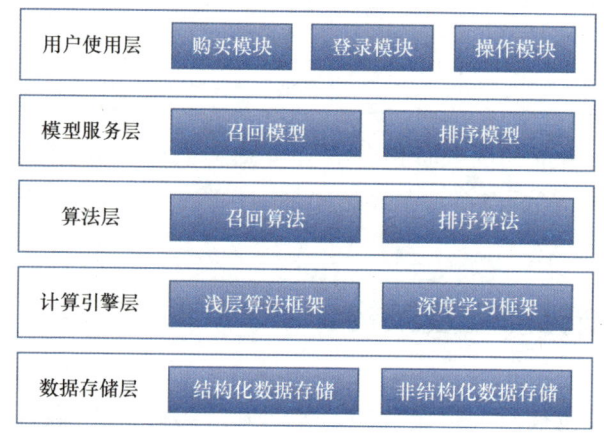

图 4-7 功能模块架构图

4.5 具体实施计划

具体实施计划更多地是指产品的立项和开发计划，对于功能要有拆解，通常产品经理提出的需求没办法全部满足，所以要根据需求的重要性分配优先级。首先完成优先级高的需求，对于实施难度比较高的模块可以采用"先能用，后好用"的原则开发。

先来介绍如何拆分产品需求，首先要把产品拆分成几个模块，接着要对每个模块的具体功能进行拆分，这里还是以智能推荐产品为例。如图 4-7 所示，我们可以把功能拆分成数据存储层、计算引擎层、算法层、模型服务层、用户使用层这 5 个模块，每个模块里面都有若干个子功能。在做产品规划的实施计划过程中，要针对每一个功能进行优先级的设置，并且给出排期。

产品功能的优先级可以按照紧急程度和重要程度两个维度进行配置，紧急程度高的功能并不意味着重要程度高。例如一个头部客户因为业务需求，要求产品必须快速支持某个功能，比如支持某种数据的加载方式，不然会影响客户的整条业务线，这种功能需求就比较紧急，但是不一定是普适性的核心功能。重要程度指的是产品的一些核心功能，比如模型的部署功能，如果没有这个功能可能整个产品的功能链路无法串联起来。我们可以把功能拆解完，然后按照紧急程度和重要程度绘制成二维象限，如图 4-8 所示。

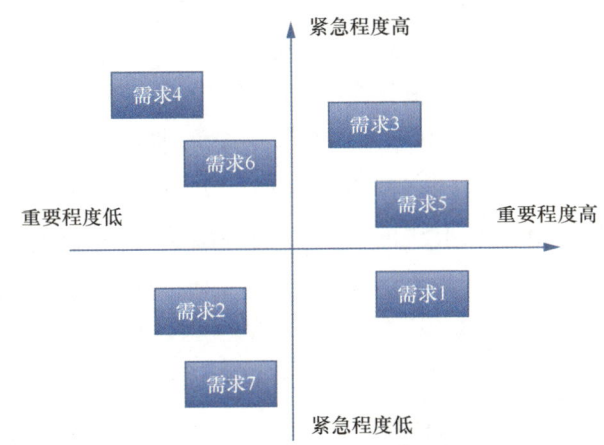

图 4-8　紧急程度与重要程度象限划分

根据象限的位置可以排列出每个需求的优先级，如表 4-3 所示。

表 4-3　需求优先级情况

需求名称	优先级
需求 3、需求 5	高
需求 1、需求 4、需求 6	中
需求 2、需求 7	低

确定了优先级之后就可以开始排期了，排期一定要考虑到每个需求的产品功能设计、交互设计、开发、测试、验收这一套流程所需的时间，然后绘制成产品功能的路线图（见图 4-9），最后一个功能完成的时间点就是整个产品

上线的时间点。

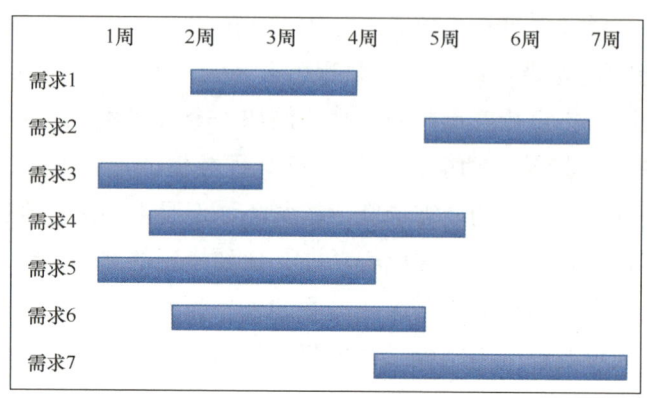

图4-9　产品功能路线图

有了产品的具体功能实施计划，整体的产品开发流程就很清晰了。当然这个实施计划只是粗略估计的，因为每个需求具体需要开发多长时间，要根据详细的产品需求文档来确定。实施计划是给所有的产品参与人员一个大概的产品开发节奏和上线时间，以便各团队可以提前安排相应的资源投入计划。

4.6　本章小结

本章介绍了如何做产品的立项和规划工作，产品规划是产品建设中的重要一环，因为当我们通过市场洞察找到了市场机会之后，要向公司内部的各个团队输出一套明确的可落地的产品方案，有了这套方案才能赢得内部更多的资源支持。

在4.1 "产品定义"一节介绍了如何通过Who、What、How这3个维度向内部介绍产品的定义。接着在4.2 "产品目标"一节，通过SMART原则介绍了如何设定产品目标。在4.3 "梳理参与者权责"一节，介绍了ToB产品的相关协作团队有哪些，如何找到可以合作的团队，如何组织虚拟产品线支撑整个产品的开发、上线、售卖。在4.4 "产品业务流程及架构"一节，介绍了如何绘制产品的业务流程图和架构图。最后在4.5 "具体实施计划"一节，介绍了如何定义需求的优先级以及如何确定产品开发计划。

4.7 解惑答疑

在本章中，大家可能比较关心的几个问题总结如下。

问题1：产品规划在什么时间点执行？

答： 产品规划一般是经过了产品市场分析，确定了市场机会。产品经理需要写一个产品立项及规划书，并在公司内部争取资源。所以，一般产品规划是在市场分析之后和PRD撰写之前执行。

问题2：产品规划是否要包含PRD？

答： 产品规划不是具体要产出PRD，产品规划的目的是经过市场分析获取机会点之后，产出一个产品计划书，统一内部产品开发团队的意见，确定产品的大方向。

第 5 章
人工智能产品设计

第 4 章介绍了如何实现产品的规划和立项，本章要开始介绍如何细化产品的功能。人工智能 ToB 产品的设计既要包含功能性的设计，又要包含产品的售卖模式、权限体系、售后保证等方面的设计，本章将基于以上几个方面进行介绍。

5.1 售卖模式设计

产品的售卖模式是整个产品商业化中的重要一环，直接与产品的价格相关，也是 ToB 领域客户最关心的因素。有时候，一个产品的功能很强大，跟竞品相比是有优势的，但是没有一个好的售卖模式来配合也是无法打开市场的。举个例子，一个使用频率很低的产品，如果售卖模式是包年/包月而不是按量付费，就在无形中增加了客户的采购门槛，因为客户通常不愿意通过包年/包月的形式去购买利用率极低的产品，这种类型的产品适合按照使用量计费。那么人工智能产品的售卖形式有哪些分类？每个分类的售卖形式有什么特点，适合什么样的产品呢？如图 5-1 所示。

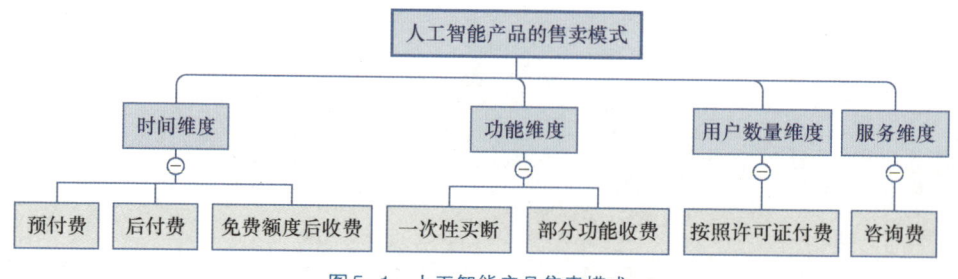

图 5-1 人工智能产品售卖模式

首先把人工智能产品的售卖模式按照 4 个维度区分，分别是时间维度、功能维度、用户数量维度、服务维度。接下来将详细剖析这些售卖模式的特点和具体意义。

5.1.1 按时间维度区分

售卖模式按照时间维度区分指的是产品的任何售卖形式都以时间为单位，按照截止时间来结算收入，比如每天多少钱、每天多少 CPU 消耗。按照时间维度划分又包含 3 种模式，分别是预付费、后付费、免费额度后收费。这些售卖模式通常可以同时兼容，比如每个产品可以既有后付费的方式，也有预付费的方式。

5.1.1.1 预付费

预付费模式指的是一次性为产品支付一定时间范围内的用量，只要产品的用量不超过购买的范围，就不会额外产生费用。

从售卖的维度来看，产品的运营人员和销售人员是比较喜欢预付费这种模式的，因为这种模式可以让业务人员直接得到收入，并体现在绩效上。在市场营销环节经常可以看到公司在双十一时做一些运营促销活动（如"某产品 1 元包月"），这种方法可以快速将产品售出并获取收入。销售也比较喜欢售卖预付费的产品，因为销售通常是按照售卖额度进行业绩考核，预付费的产品卖出去 100 万就有 100 万的业绩，而后付费产品的业绩还要等用户的实际用量达到多少，才记多少业绩。所以如果产品经理希望更多地借助运营人员或者销售人员快速拓展对外渠道，设计一些预付费的售卖模式是比较好的手段。

从客户角度来讲，预付费对一些传统行业的客户是比较友好的。传统行业的用户（比如银行、政府）通常是预算制的采购形式，需要在年初设置好一年的预算进行采购。这种客户会倾向于预付费，因为他们可以根据预付费价格规划预算，而后付费的模式有很多不确定性，对预算制的客户不太友好。不过，预付费也是存在弊端的，因为限制了一定时间内的用量，如果客户的业务在后续有比较大的发展，需要更多的资源，通过预付费这种模式采购就不是很灵活，所以预付费产品往往要设置一些升级策略。

讲到升级策略，就不得不介绍购买、订单、升级、到期提醒这几个概念，这几个概念也是人工智能商业化产品经理在产品设计过程中必须要重点考虑的。首先，预付费产品的购买一定要包含两个主要因素，一个是用量，另一个是时间限制。购买页通常如图 5-2 所示。

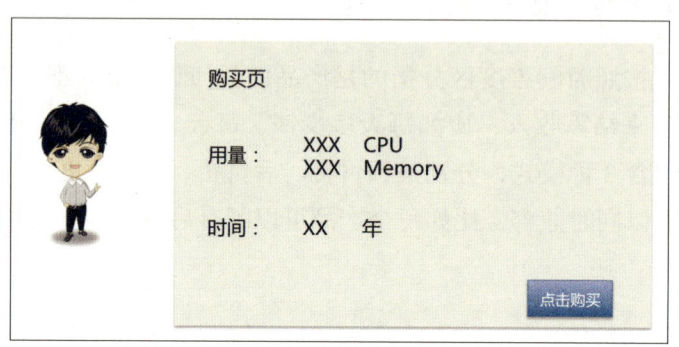

图 5-2　预付费产品的购买页

购买后会生成一个订单，订单对应到一个具体的实例，这个实例需要有一个唯一 ID 标识。通常预付费产生的是订单，后付费产生的是账单。后付费产生的账单需要通过单价、用量和使用时间一起计算得出，预付费产生的订单则是一个标准的价格。订单样式通常如图 5-3 所示。

图 5-3　预付费的订单详情

订单要包含购买量、订单创建时间、订单到期时间这些因素。当一个订单生成之后，用户可以选择"退订"和"升级"两种方式。每个订单相当于一个合同，"退订"意味着用户提前终止合同。某些商业化产品会设置 N 天无理由退订，用户在这 N 天内退订是不需要支付费用的，在这 N 天以外可以设置"不可退订"，也可以设置"可退订"但是需要按照实际使用天数付费。作者建议大家要谨慎设置"N 天无理由退订"，因为设置了这个模式虽然看上去对消费者很友好，但是可能会造成某些用户反复购买再退订的"薅羊毛"行为。

从商业模式来看，比较好的方案是支持退订，但是需要按照实际使用的天数支付产品费用。举个例子，假设某个产品包年费用为 365 元，客户 A 购买了 10 天之后决定退订，那么最终的退款金额就是 355 元。

接着讲升级策略，有的同学会误导"升级"和"购买"这两个概念，升级其实更多的指在已经建立的订单基础上额外扩充资源或者延长使用时限。比如用户 B 购买了 10 张 GPU 卡的建模服务一年，用了半年发现不够用，需要额外买 2 张卡，但是最小购买单元是年。如果直接额外买 2 张卡一年，那么新订单和 10 张卡的订单没办法保持同步到期，这个时候就可以通过"升级"这个模式解决问题，把购买量调整为 12 张 GPU 卡，订单创建时间和订单到期时间不变。所以升级策略往往跟某一个具体的订单绑定。

因为预付费存在时间的属性，还需要设计一个订单到期的行为。因为 ToB 产品跟客户的业务有直接关联，所以为了不让费用因素阻碍客户自身业务，往往要设计产品到期提醒机制，可以通过短信或者电话的方式在到期前一段时间提醒客户续费。通常产品到期后还要设置一个缓冲时间窗口，在这个时间窗口给一些忘记及时续费的客户恢复订单的机会。如果客户不准备继续购买，最后要设计一个彻底删除订单的时间窗口。具体的订单生命周期的时间轴如图 5-4 所示。

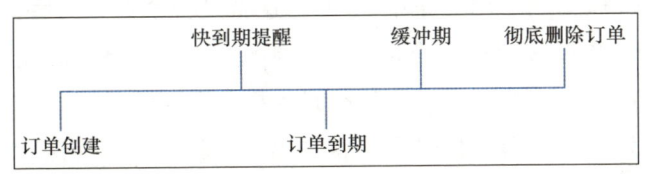

图 5-4 订单生命周期的时间轴

预付费的售卖模式往往适合一些偏底层资源类的产品，通常商业化产品都会同时具备预付费和后付费两种模式，在单位用量情况下预付费一定要比后付费便宜一些，因为客户选择预付费需要提前支出费用，也意味着需要承担更多风险。预付费比较适合容易估算出具体用量的产品，并且是高频使用的场景，比如客户购买服务器，客户可以很清楚地知道自己的大致用量，预付费购买比较划算。

5.1.1.2 按量后付费

后付费指的是按照产品的实际使用量去付费，通常后付费需要包含 3 个元素，分别是使用的时间范围、使用量、单价。时间范围通常指的是后付费的收费频率，有按小时结算的、按日结算的、按月结算、按年结算，其中按日结算的情况比较多。举个例子说明什么是后付费的售卖模式，假设某个产品提供的服务是自动识别花的服务，服务形式是 Restful API，具体用法是每次上传一个关于花的照片然后返回花的名称，如图 5-5 所示。

图5-5　识别百合花

客户 A 在一天内调用了这个服务 100 次，每次调用的单价是 0.5 元，那么需要在第二日凌晨为用户出具账单 50 元，这就是一个典型的后付费售卖模式。

后付费的售卖模式比较适合以下几种类型的客户：新客户、小体量客户、低频使用产品的客户。对于新客户往往是先推荐后付费的模式，因为这样客户的试用成本很低，比较容易接受，等客户逐渐由新客户转为深度客户后，可以考虑引导客户向预付费的售卖模式迁移，帮助客户节约成本。小体量客户通常是一些小型公司，因为初创时期，公司的业务有很大的不确定性，更适合后付费的模式。低频使用的客户也主要是基于成本的原因更倾向于后付费。

对于产品经理来说，设计后付费的模式往往比预付费要复杂，因为后付费需要设计计量计费系统。这里需要注意的是"计量"和"计费"是两个独立的概念，"计量"指的是计算产品的用量，比如前面列举的识别花的这个 API 产品，1 天使用 100 次是计量。"计费"指的是根据产品的使用量计算出最终费用，比如识别花那个 API 消耗了 100 次，每次 0.5 元，一共就是 50 元的账单。之所以说计量计费比较难设计，是因为并不是所有的计量场景都像前面提到的 API 产品这样简单。

一些极端情况的设计是考验产品经理功底的，比如服务跨日期的情况如何计量。举个例子，假设有一款产品每天 00:00 统计一次用量，那么如果一个服务运行到 00:00 点并没有结束，该服务会跨日期运行，那么这笔计量如何算？有两个方案，方案一是将服务按照 00:00 点拆分，00:00 之前的计量算作前一天的费用，00:00 之后的算作后一天的费用，这种计量方案看上去比较合理，但是当客户根据实际使用的作业去排查账单的时候就会遇到麻烦，因为一个作业对应了两笔账单。作者更推荐方案二，即约定以服务停止的时候为计费节点，也就是说跨天服务的计量全部归为服务停止的所在日期，这种方案可以将每个作业跟每一条账单对应上，方便后续客户的查账。

5.1.1.3 含免费额度的后付费

前文介绍了预付费和后付费两种方案，从商业角度来分析，后付费相比预付费降低了客户的接入门槛。但是在 ToB 行业，付费天然就是一个门槛，而客户往往要试用一下才能决定是否购买，许多客户第一次接触一款收费的 ToB 产品时，都会问下能不能免费试用，在这种情况下含免费额度的后付费模式就很受客户的青睐。

含免费额度的后付费算作后付费的一种变形，那这种付费模式有哪些设计方式呢？一种是按照使用时间，通常免费开放 1 周或者半个月给客户使用。另一种方式是按照使用量开放给客户，比如 API 调用的前 100 次免费。这两种模式要注意的一点是，一定要保证客户的免费试用不能影响线上其他客户的业务，有的时候要合理加入一些限制。举个例子，一个产品底层调用的是深度学习训练，一共 100 张卡，那给客户开放的免费体验额度一定要限制卡的数量，不然一旦某个免费体验的客户把所有的卡都用了，就会影响线上其他客户的使用。

5.1.2　按功能维度区分

什么是按照功能维度区分的售卖模式呢？指的是商业化产品的有些功能是付费的，有些功能是免费的。其中一个极端情况是一次性买断，花一笔钱买断所有的功能。另一个模式是基础功能免费，高级功能付费。接下来就分享这两种模式的一些优缺点。

5.1.2.1 一次性买断模式

一次性买断指的是客户花一笔钱购买所有功能，这种模式一般出现在硬件软件一起输出的情况下，比如人工智能一体机的售卖模式。云上的服务或者软件服务因为涉及服务升级，很少会设计成一次性买断的方式。

这种一次性买断的产品一定要具备以下条件才适合。

① 功能已经相对完备，可以直接解决客户某方面的业务问题。

比如最近几年非常火的智能音箱产品，这些音箱的硬件功能包含发音、收音，硬件方面已经比较成熟了，不太需要继续在硬件层面升级，而且只要音箱联网，软件层面就可以不断迭代升级，比较适合一次性买断这种模式。

② 产品一旦售卖出去不会对售卖方继续售卖该产品构成竞争威胁。

比如人脸识别模型就不能通过一次性买断的方式售卖，因为这种软件层面的产品是很容易复制的，没有边界成本。比如客户 A 可以花 1 万元买一个模型，然后转手 1000 元去售卖。对于这种没有复制成本的产品，一定不能按照买断的商业模式销售。

5.1.2.2 高级功能付费模式

有的产品采用基础功能免费，高级功能付费的售卖模式。这种模式是一把双刃剑，关键在于产品经理如何准确地找到适合付费的功能点。高级功能付费这种模式一般出现在云产品中，通常被 PAAS 层产品采用，好处显而易见，产品可以通过开放一些免费的功能引流用户，使产品可以更多地获取用户，再通过付费功能获取收入。这种模式的一个风险点在于如何在付费功能和免费功能中间找到平衡点，如果免费功能开放得太多，会造成很多客户在线上使用并占用资源，但是不产生收入，这部分资源的投入产出比不高。而如果付费功能太多且免费功能太少又会给客户造成产品没有足够诚意的印象，可能会造成某些本来可以转化成付费客户的客户最终流失。

产品经理在设计哪些功能付费、哪些功能免费的时候可以参考以下几个原则：

① 竞品免费的功能，我最好不要收费；

② 非核心功能，我一定不收费；

③ 在行业中独一无二的功能，且是影响用户业务的核心功能，可以考虑收费。

5.2 权限体系设计

权限体系是商业化 B 端产品与 C 端产品的区别之一,商业化 B 端产品常常服务于一个组织,组织的特点是有分工的概念,在公司中有老板、有各个部门主管、也有各个部门在一线干活的同事等。商业化产品作为组织的生产资料,也可以拆分为数据资源、计算资源、管控资源等不同的资源类型。那么一个商业化产品不同类型的资源是如何满足组织中不同分工的人的需求呢?自然是通过产品的权限体系来实现的。那么如何设计权限体系,是产品经理在做产品设计的时候必须关注的一项工作。

通常商业化 B 端产品的权限体系都是基于 RBAC(Role-Based Access Control)的思想设计,需要先将组织按照不同的分工设计"角色"(Role),每种"角色"代表着一种权限点集合。比如有一种角色叫"数据管理员",他对于数据相关的资源有比较高的权限,其他角色可能就不具备管理数据的权限。在"角色"以外,是"权限点"的设计,"权限点"代表着对产品功能的拆分,比如能否管理数据可以作为一种权限点,能否新建实例也可以作为一种权限点。

有了"角色"和"权限点"之后,就可以按照角色的不同授予不同的权限点,这样权限体系就建立起来了。当有一个员工准备使用产品的时候,只需要按照这个员工的职责为他分配角色即可,如图 5-6 所示。

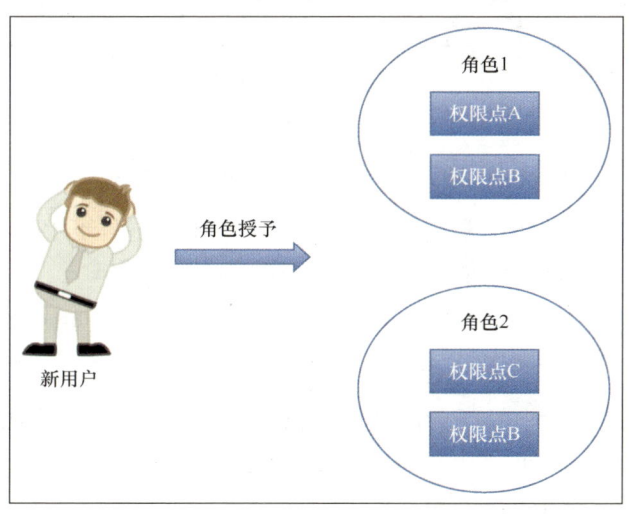

图 5-6 角色和权限点

接下来介绍如何设计"角色"和"权限点"。

5.2.1 角色的设计

首先，角色的定义是为了更好地方便公司根据员工不同的分工做管理，帮助公司减少不必要的风险。假如一个公司使用某款商业化产品做图片的敏感问题鉴定，那么这种原始数据是非常敏感的，一旦泄露将面临法律风险。公司为了控制这样的风险，肯定希望最大限度地限制数据的下载权限。可能公司只会为数据管理部门的员工授予数据下载权限，其他部门授予其他权限，这时候就需要"数据管理员"这样的角色。所以，了解符合角色的设计规则，先要了解常规的企业架构。

图 5-7 展示了最基础的组织架构，组织架构可以分为从上到下的纵向关系以及从左到右的横向关系。在纵向关系中，通常在组织树的最上方是一个大老板，管理着整个公司或者大部门的业务；下面有分级主管；最下面是负责具体执行的员工。

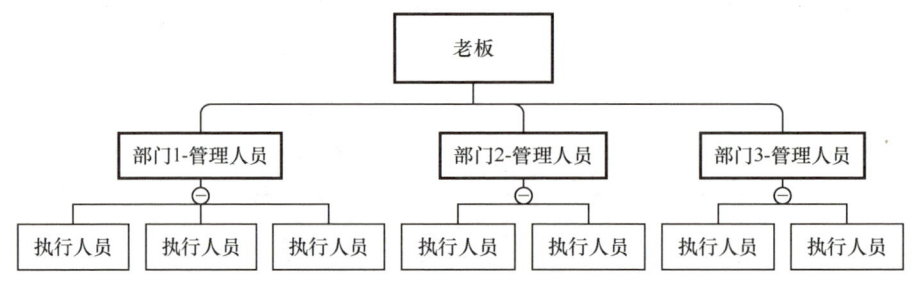

图 5-7　常规的企业架构

在纵向关系中，通常越接近顶端，授予的角色权限就越丰富，比如在商业化软件中通常会涉及"超级管理员"这样的角色，这个角色包含了所有的权限点，一般会把"超级管理员"的角色授予老板。

横向关系通常指的是各个平级部门之间的关系，这些部门按照所属职能进行划分。大部分技术公司会按照数据管理、开发、测试这样的职能划分团队，所以在产品设计中经常会设计"测试工程师""开发工程师""数据管理"这样的角色，将"测试工程师"授予测试团队，"开发工程师"授予开发团队，"数据管理"授予数据管理团队。

在角色设计的时候还有一点需要考虑的就是角色和员工的数量映射关系。通常一个角色可以对应多个员工,比如"开发工程师"这样的角色可以授予多名员工,如图5-8所示。

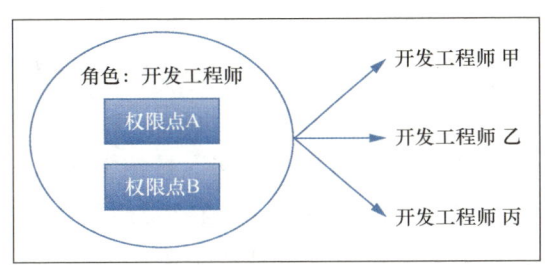

图5-8 角色与员工的映射关系

但是,一个员工是否可以被授予多种角色,需要产品经理根据自身产品的特点去考虑。一般是不限制员工被授予多种角色的,比如员工甲即可以被授予"测试工程师"角色,也可以同时被授予"开发工程师"角色,这样的情况在一些公司规模较小的客户经常出现,因为人员不充足,常常需要每个员工承担更多种类的工作。

最后,因为不同的产品所面向的客户的组织架构不同,可能有些 SaaS 级产品只针对公司的某个部门,有的 PaaS 级产品会面向公司多个部门,那么在角色的设计上也要有所区分。权限体系中的角色设计一定要适配客户的组织架构,帮助客户通过角色管理不同职责的员工的生产资料。

5.2.2 权限点的设计

权限点指的是产品中的哪些资源参与到权限管控机制,权限点的设计与产品经理对产品的理解程度直接相关。如果权限点设计得太复杂,客户用起来会很麻烦,经常需要调配员工和角色的关系。权限点如果设计得太简单,会造成权限体系无法帮助客户规避风险,给客户造成伤害。在 ToB 场景下,权限点通常分为3种,如图5-9所示,按照关键性从强到弱分为商业权限、数据权限和功能权限。

接下来介绍各个类别的权限点通常包含哪些具体的权限点,为大家日后的权限点设计提供参考。

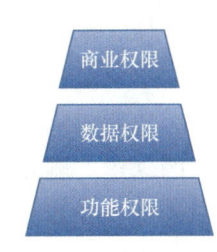

图5-9 权限分级

（1）商业权限

商业权限指的是跟产品的商业行为直接相关的权限，比如是否购买新的资源、是否弃用产品。商业权限点一般会与客户的"钱包"有直接关系，是安全等级最高的权限，只能授予少部分角色。通常会定义"超级管理员"或者"采购员"这样的角色，然后在里面加入购买、退订等行为的权限，如图5-10所示。

商业权限点一般出现在订单页的"购买"按钮上，如图5-10所示，有购买权限的角色才可以点击按钮，否则该按钮在产品界面中显示为灰色，无法点击，并且提示用户不具备购买权限，如图5-11所示。

图5-10　订单页的"购买"按钮

图5-11　无购买权限时的按钮为灰色

（2）数据权限

数据是企业的生命线，而人工智能的基础是数据，在人工智能商业化产品权限设计层面，免不了与数据打交道。最好将数据的管理、下载、上传单独设置权限点，让客户可以针对数据做到更深层次的控制。数据权限点可以设置到数据仓库级别、数据表级别或者是表的字段级别，需要根据不同产品对应的业务特点去调整。

（3）功能权限

功能权限指的是产品中对那些需要通过权限加以限制的功能，通常与实例的创建、删除、打开、查看等行为有关。举个例子，图5-12所示为一个简单的商业化B端产品的控制台界面，用户可以在控制台完成最基本的实例创建、删除、管理等功能。

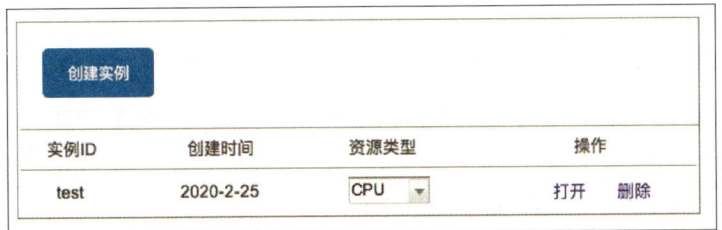

图5-12 商业化B端产品的控制台界面

在这个页面出现的创建实例、资源类型、打开、删除等行为都可以设置成功能类型的权限点。比如增加了"打开"权限点，就可以防止部分与开发无关的人员进入工程去篡改应用，保证了服务的安全性。增加"删除"权限点，就可以减少实例被误删除的概率，因为可以把这个权限授予小部分的人员。

功能类权限点是设计起来相对烦琐和复杂的权限，产品经理需要根据自身产品的特点，挑选那些跟资源管理相关的功能点去设计。功能权限点的本质是尽可能保证产品使用人员的生产安全性，降低出错的风险。

5.3　SLA的设计

SLA 是 Service Level Agreement 的缩写，指的是服务等级协议，可以参考图5-13所示的"同意服务等级协议"复选框。在商业化产品的售卖当中，售卖的内容除了包含产品的功能，也包含产品的服务，SLA 就是产品服务的重要组成部分。SLA 最本质的形式是服务提供方和客户之间签订的一个合约，这个合约通常会在订单页面显示，既规范了双方的商务关系，又规范了整个交易过程。

SLA 在整个商业化产品的对外服务中规范了商品的服务周期、可用性标准和赔付标准三项内容，是对客户和产品的双重保护。一方面 SLA 保护客户的利益，使客户的利益因为产品功能缺陷而造成损害后能得到有效的补偿；另一方面，SLA 限定了补偿的条件

图5-13 服务等级协议示例

和范围,也避免了"受害者"漫天索要赔偿的情况,也保护了产品提供方的利益。

通常 SLA 需要产品经理和法务同事一起制订,法务提供大致的框架,产品经理设计框架内的指标。接下来会具体介绍如何设计时间周期、服务的可用性、赔付标准这些关键的指标。

5.3.1 时间周期

SLA 中的时间周期一般需要制订两种,一种是服务的时间窗口,规范从什么时候开始服务,什么时候结束服务;另一种是单位时间,规范每个可用性周期的时间单位。

服务时间窗口通常是以客户购买商品的当天开始计算,以订单到期或者客户费用出现欠费作为正常服务的终止。在商业化产品的使用场景下,为了避免用户因为忘记缴费或者忘记充值出现业务中断,当订单到期或费用没有之后,有些商业化产品会给客户一段时间作为缓冲继续保持服务,这段缓冲期可能提供的 SLA 会有一定程度的降级。SLA 的生命周期可以如图 5-14 所示。

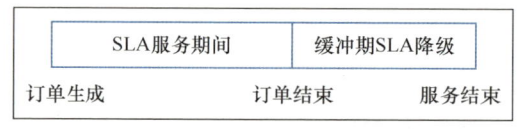

图5-14　SLA 的生命周期

单位时间指的是可用性或者赔付标准中会用到的时间单位,比如可以在服务可用性中规定:"单位时间系统故障出现次数不超过 5 次",这里的单位时间就是服务可用性的时间单位。通常单位时间既可以设计成自然周、自然月或者自然年,也可以根据自身产品的特殊性去设计其他单位时间。

5.3.2 服务的可用性

服务可用性指的是对 SLA 的服务等级的一个量化表示,服务可用性可以对服务时段或单个服务成功率这两个维度做评估。客户可以凭借服务可用性指标评价服务的水平,在可用性较低的情况下通过服务可用性的指标进行索赔。不同维度的服务可用性计算逻辑可以通过以下两个公式表示。

（1）以服务时段为评估标准的公式

（单位时间内总服务时段 − 单位时间内不可服务时段）/

单位时间内总服务时段 ×100%

（2）以单个服务成功率为评估标准的公式

（单位时间内总服务次数 − 单位时间内服务失败次数）/

单位时间内总服务次数 ×100%

以服务时段做评估标准比较适合偏底层的资源类产品，比如 GPU 服务器的 SLA 标准。以单个服务成功率为评估标准适合上层应用的评估标准，比如 OCR 文字识别服务。

5.3.3 赔付标准

赔付标准指的是当服务的可用性低于系统预期的时候，特别是影响了客户业务的时候如何对用户进行赔偿，具体赔付标准完全是根据客户的产品情况自定义。

举个例子，假设某 GPU 服务器的 SLA 的时间单位是自然月，可以按照表 5-1 的样式设定赔付标准。

表 5-1 赔付标准

单位时间服务可用性	赔偿金额
低于 99.9% 但等于或高于 99%	单位时间服务费用的 15%
低于 99% 但等于或高于 95%	单位时间服务费用的 30%
低于 95%	单位时间服务费用的 100%

以上就是对 SLA 的 3 个核心指标的介绍，最终产品经理在设计完指标后需要跟法务专业人员进行确认，并且给客户明确的入口以查询相关的 SLA 指标。

5.4 产品功能设计

本节介绍如何通过产品需求文档（Product Requirement Document，PRD）

呈现产品的功能设计。本书将 PRD 的设计和售卖模式、SLA、权限体系做了一个拆分，因为一般在产品设计当中会将售卖模式相关的需求与产品交互功能相关的需求做区分，售卖模式、SLA、权限体系更多的是跟售卖模式相关的一些需求，而产品功能通常特指产品的一些细节功能交互。

ToB 产品与 ToC 产品的一个很大的区别在于 B 端产品的功能性要求通常会高于用户体验性要求，而 C 端产品在这两方面的要求一般是体验优先。这与 B 端产品的决策链路有关，B 端产品的 User 和 Buyer 并不是同一个对象，Buyer 作为购买的决策者并不直接使用产品，所以更关注功能特性的 Buyer 也会迫使 B 端产品将更多的关注点放在功能上。

产品经理在设计 ToB 产品的时候要更注重产品功能，但也不要忽略了产品体验。而作为人工智能类产品，它与其他 B 端产品的一个不同在于要突显算法或者模型的先进性，因为人工智能行业是一个技术方向在不断演进的行业，技术领先性是评价一款产品是否具备竞争力的关键因素。

所以产品经理在写 PRD 的时候，要注意突显技术领先性，将功能描述清楚，体验交互设计需要和专业的交互设计师一起优化。作者自身的经验是 PRD 不需要写得太华丽，原型图以及功能描述清晰明确即可，因为 PRD 毕竟是给自己人看的，只要测试人员、开发人员和交互设计师能看懂能理解就好了。

本节将 PRD 的撰写工作拆分成两部分介绍，首先介绍 B 端产品 PRD 的格式规范，其次介绍人工智能 ToB 产品领域一些常见的功能设计模式。

5.4.1 产品功能设计格式规范说明

首先，写 PRD 会占据产品经理工作时间的 40% 左右（这个占比还会随着产品处于不同的发展周期而有所调整），所以养成一个好的 PRD 书写规范对于产品经理尤其重要。每一家公司，甚至每一个产品经理可能都有对于 PRD 的不同理解和要求，所以本书会结合作者自己的工作经验，介绍 ToB 场景下 PRD 需要包含的一些模块。我们可以把一个产品的 PRD 分为修订记录、概述、产品功能详情、其他需求这 4 个模块，整体结构如下所示。

PRD 示例：

标题（版本号）

修订记录

版本号	修订人	修订日期	修订描述
V 1.0			

1.概述
1.1 产品开发目的
1.2 产品信息架构图
1.3 功能摘要说明
1.4 关联产品及角色

2.产品功能详情
2.1 产品功能模块一
2.1.1 功能概述
2.1.2 优先级
2.1.3 功能描述
2.1.4 补充说明
……
3.其他需求
3.1 性能需求
3.2 兼容性需求
……

5.4.1.1 修订记录说明

修订记录一般出现在 PRD 的标题下方位置，用来标明 PRD 的迭代历史，通常以表格的形式展示，如表 5-2 所示。

表 5-2 修订记录

版本号	修订人	修订日期	修订描述
V 1.0			

在修订记录中需要包含版本号、修订人、修订日期和修订描述这4个基本要素。

（1）版本介绍

标准的软件版本定义一般由主版本号、次版本号、阶段版本号和希腊版本说明共同表示，一般表示成 < 主版本号 >.< 次版本号 >.< 阶段版本号 >_希腊版本号，比如一个刚上线的 beta 版本可以表示成 1.0.0_beta。

- 主版本号：主版本号一般变化比较少，除非有非常重大的改动，比如某机器学习平台之前的全部算法都是离线的算法，新版本中所有算法全部升级成了流式的算法，产品的整体性能大幅提升。在这种情况下可以考虑改变主版本号。
- 子版本号：子版本一般指的是增加一些功能，比如增加了一种深度学习模型的支持，这个时候可以考虑给子版本号加1。
- 阶段版本号：阶段版本号一般指的是修复一些产品端的 Bug 或者针对细节体验方面的改善，比如产品上面一些文案的改动或者某个按钮位置的改变。

希腊版本号是一种对于产品状态的表述，可以通过希腊版本表示产品的整体成熟程度，业内通用的希腊版本号分为 Alpha、Beta、RC、Release 这4种。

- Alpha 版本：Alpha 版本指的是产品可以在开发团队内部发布的状态，一般在 Alpha 阶段产品的 Bug 很多，不能对外开放。
- Beta 版本：一般在 Beta 版本，产品的一些比较严重的问题都已经解决了，可以给一些外部客户展示，但是离实际生产使用仍有差距。
- RC 版本：RC 版本已经比较成熟了，可以以公测的方式对外部客户输出。
- Release 版本：Release 版本指的是经过了大量的测试和验证最终稳定上线的版本，Release 版本是可以作为商业化输出的产品版本。

（2）修订人介绍

因为一个大的产品设计可能涉及多个产品经理协同合作，所以设定修订人这一列可以更好地帮助多个产品经理之间协同工作，让不同的产品经理清楚彼此的修订内容。同一次的 PRD 修订也可能由多个产品经理合作完成，这时候可以在修订人一栏把多个产品经理的名字写在上面。

（3）修订日期

标明该 PRD 版本的年月日，通常以 YYYY-MM-DD 的样式展示，比如"2020-05-29"。

（4）修订描述

在修订描述中需要明确说明修改的章节和具体内容，特别是当同一个 PRD 由多个产品经理共同维护的时候，为了避免相互之间的内容修改有重叠，一定要特别注明每次修订的内容。举个例子："修改第 3 章，第 2 小节关于模型部署按钮行为的说明"。

5.4.1.2　概述说明

在概述阶段首先要讲清楚要实现的产品功能的意义，虽然 PRD 的最终受众主要是开发人员、交互设计人员和测试人员，没有业务相关的角色，但是让后端开发人员更了解自己所实现的产品功能的业务背景也是有意义的。因为只有这样才能让开发人员更明确产品的客户是谁，将会被如何使用，也有利于开发人员在开发过程中发现一些产品经理遗漏的功能细节。

其次需要有一个架构图说明整个产品功能模块的关系，因为产品经常是由多个模块组合形成的，不同模块可能由不同的研发团队参与，产品经理需要从功能视角拆解各部分的功能，并且通过流程图的形式更便于开发人员了解整个产品的结构。

最后是关联产品及角色的说明，有些产品的功能实现可能会涉及跟其他产品的合作，有些合作可能是不同产品的产品经理之间的某种共识，这时候需要有个文档能明确地列出产品建设中涉及的合作方和对应角色，方便日后开发的过程中多团队间的协同。

（1）产品开发的目的

"产品开发的目的"阐述产品的大致背景，需要阐明产品的 User 和 Buyer 分别是谁，我们通过这个产品解决了客户的哪些问题，另外也需要介绍产品的一些核心功能以及相较于竞品的优势。

举一个例子，以 OCR 票据识别产品为例，解决的核心问题是金融、保险、医疗等行业存在大量的票据数据，很多业务需要依靠人力从这些票据中提取信息，这种做法非常低效，费时费力。希望通过 OCR 票据识别这样的产品自动化提取票据中的结构化数据。这个服务的 Buyer 是金融、保险、医疗等企业的信息化负责人，User 是实际的票据信息提取操作人员。核心功能可以包含票据识别、数据格式定义等，优势可能是识别的准确率和识别速度。

(2)产品信息架构图

产品信息架构图表示产品各模块的关系,跟业务和技术无关,是方便产品经理跟开发沟通的一种功能抽象方式。信息架构图(Information Architecture,IA)来源于早期IT软件开发的架构设计,常被用来做网站或者产品的开发前结构设计。

绘制产品信息架构图的过程其实是产品经理回顾整个产品设计的过程,要求产品经理考虑清楚如何抽象和解耦各个功能模块。绘制信息架构图通常使用的工具是思维导图一类的工具(如XMind),XMind是一款非常便捷的商业思维导图软件,有可扩展、跨平台、稳定等优势。

具体绘制的时候可以将产品按照功能点进行拆分,形成整体的产品功能信息架构网络图,每一层级又区分子功能和原子功能,如图5-15所示。

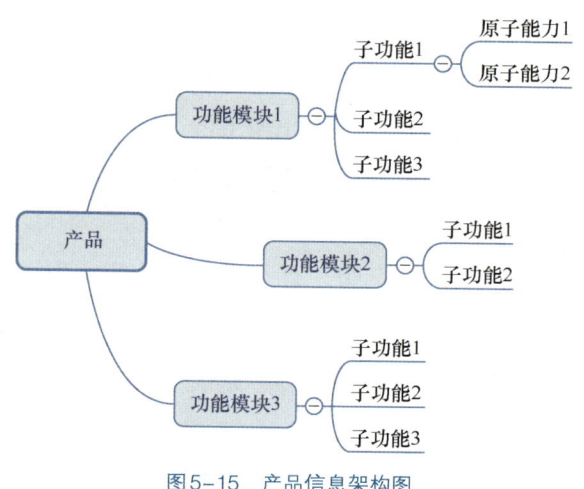

图5-15 产品信息架构图

如图5-16所示,以百度的搜索主页为例,可以将这个页面分为页头、搜索区、新闻推荐区3个主模块,每个模块又有各自的子功能,比如新闻推荐区可以分为"我的关注""推荐""导航"这3个子页面,每个子页面又由许多子功能组成。

最终绘制出来的信息架构图如图5-17所示。有了信息架构图,产品的整体要开发的大功能模块就比较明确了,剩下的就是各个功能模块的交互行为的设计。另外,如果产品页面比较复杂,建议在产品信息架构图下面补充一个产品的原型图。原型图就是产品的前端样式的简图,推荐使用Axure绘制。这样就可以将原型图与信息架构图的功能做一一对应,方便开发人员理解。

5.4 产品功能设计

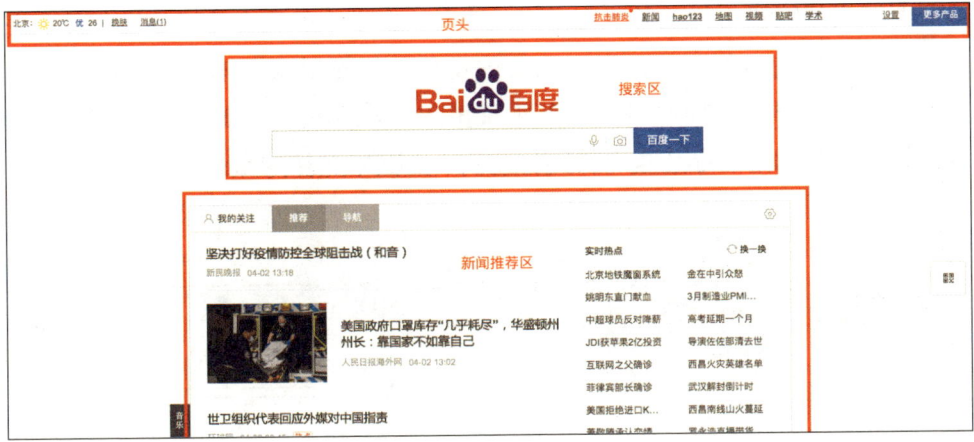

图5-16 百度搜索主页

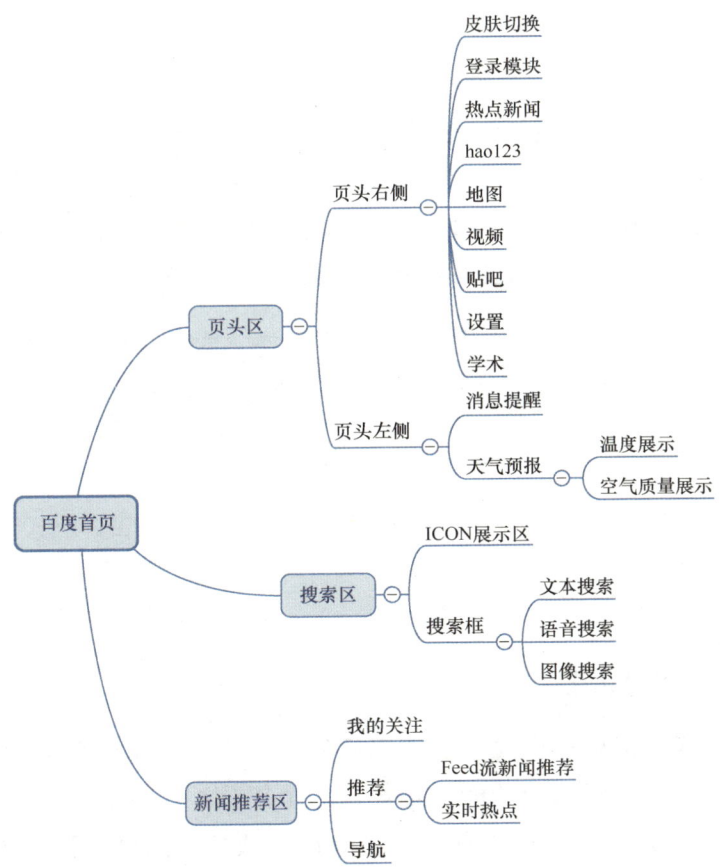

图5-17 以百度首页为例绘制产品信息架构图

（3）功能摘要

功能摘要就是将产品信息架构中的主要功能点提取出来，加以描述并标明优先级。这样开发团队可以更好地理解每个功能模块的含义，并且也便于开发团队进行分工和排期。通常功能摘要可以用表格的形式给出，如表 5-3 所示。

表 5-3　功能摘要

功能模块	主要功能点	功能描述	优先级
功能模块 1	功能点 1		高
	功能点 2		中
功能模块 2	功能点		低

（4）关联产品和角色

如果构建的是云厂商自研的 ToB 人工智能产品，往往会涉及多种云产品的打通和合作，比如产品的存储模块可能会依赖数据库相关的产品，模型部署可能会依赖云端虚拟机相关的产品。这些合作可能是由产品经理发起并完成前期讨论的，为了方便开发人员可以更好地跟其他团队建立合作，可以将一些参与合作的产品以及对接人信息写在 PRD 中，如表 5-4 所示。

表 5-4　产品合作关系及对接人信息

对接人	对接产品	详情描述
XX	Redis	数据特征存储

5.4.1.3　产品功能详情说明

产品功能详情模块主要是描述产品每个功能的具体交互细则。产品功能可以分为概述、结构、功能点描述这 3 个部分。产品功能详情这个部分以人工智能 ToB 领域经常出现的一个功能模块"状态机"作说明，"状态机"相对来讲比较复杂，ToB 产品经常会用到这种功能设计方法。简单的状态机产品原型如图 5-18 所示,展示的是模型部署模块的控制台管理模块。

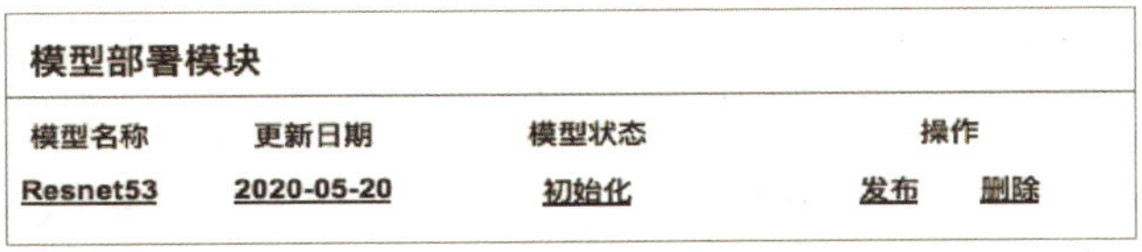

```
模型部署模块
模型名称      更新日期        模型状态         操作
Resnet53    2020-05-20     初始化          发布  删除
```

图 5-18　状态机产品原型

接下来介绍如何描述这个模型部署模块的功能。

首先要说明模块包含的功能,包含模型的信息查看功能(见表 5-5)、模型的发布控制(见表 5-6)、模型的删除功能(见表 5-7)这 3 个子功能,接下来要分别对 3 个子功能模块进行详细的描述。

表 5-5　信息查看功能

功能描述	可以展示模型部署模块的基本信息,包含模块名称、更新时间模型状态、操作等
优先级	高
功能详情	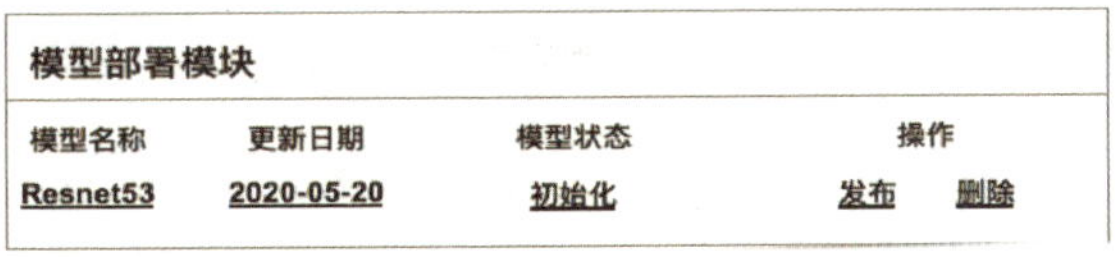 ```模型部署模块 模型名称 更新日期 模型状态 操作 Resnet53 2020-05-20 初始化 发布 删除``` ● 标题:"模型部署模块"为标题,位于头部 ● 模型名称:展示的是用户部署的模型名 ● 更新日期:初始日期为用户模型上传的时间,用户点击触发"发布"行为,则日期也会进行相应的修改 ● 模型状态:模型的状态,跟发布行为相关,会随着行为变化 ● 操作—发布:按钮,可点击"发布" ● 操作—删除:按钮,可点击触发"删除"模型
补充说明	

表 5-6　模型发布控制

功能描述	描述模型发布按钮触发后的不同行为
优先级	高

续表

功能详情	1. 初始状态，未点击"发布"按钮 **模型部署模块** 模型名称　更新日期　　模型状态　　　操作 Resnet53　2020-05-20　初始化　　　发布　删除 2. 点击"发布"按钮，模型部署需要2分钟，模型状态变为"部署中"，"发布"按钮变为"停止" **模型部署模块** 模型名称　更新日期　　模型状态　　　　　　操作 Resnet53　2020-05-20　部署中(大约需要2分钟)　停止　删除 3. 如果用户点击"停止"按钮，模型状态变为"停止中"，停止按钮置灰，停止后自动刷新恢复初始化状态，按钮变为"发布" **模型部署模块** 模型名称　更新日期　　模型状态　　操作 Resnet53　2020-05-20　停止中　　　停止　删除 4. 如果发布成功则模型状态显示"发布成功"，按钮恢复成"发布" **模型部署模块** 模型名称　更新日期　　模型状态　　操作 Resnet53　2020-05-20　发布成功　　发布　删除 5. 如果发布失败，模型状态显示"发布失败"，下方出现"错误日志"链接。按钮恢复成"发布" **模型部署模块** 模型名称　更新日期　　模型状态　　操作 Resnet53　2020-05-20　发布失败　　发布　删除 　　　　　　　　　　　错误日志
补充说明	发布按钮设计"初始化""发布中""停止中""发布成功""发布失败"等多种状态，需要注意各个状态间的转换关系

表 5-7 模型的删除功能

功能描述	描述用户点击模型"删除"按钮后的行为
优先级	中
功能详情	"删除"按钮在任何时间都可以点击,点击后弹出提示用户删除后无法恢复的窗口,需要用户再次确认删除行为 **提示** 删除模型后无法恢复,是否删除该模型? [确认删除] [取消] ● 点击"确认删除"按钮,弹窗消失,将模型从模型列表页移除 ● 点击"取消"按钮,关闭提示窗口
补充说明	

以上是产品功能详情的写法样例,在实际工作中,产品经理在写功能详情这个环节,一定要把自己当成第一次使用该产品的客户,模拟整个交互环节,不要遗漏任何一个可能的交互细节。状态机就是一个典型的例子,看似简单的一个"发布"按钮,可能会产生"发布中""停止中""发布成功""发布失败"等多种行为,这些都要有明确的交互细节描述。

5.4.1.4 其他需求说明

其他需求说明一般指的是在功能交互以外的补充说明,在 ToB 人工智能产品中常见的是一些性能说明或者兼容性说明,产品经理也可以根据自身产品的特点增加相关的说明。

(1)性能说明

性能说明在 ToB 人工智能产品中一般指的是模型训练的效率描述,比如某个环境需要支持分布式训练,需要把训练时长缩小到小时级别。为了更好地体现性能说明的重要性,也可以列出竞品在该环节的数据说明。

(2)兼容性说明

因为人工智能领域有多种算法框架,也有多种模型结构,需要明确描述清楚产品要兼容的技术指标。比如训练框架需要兼容 TensorFlow、Caffe、

PyTorch 等，对于模型来讲，可能模型部署功能需要兼容 H5、SaveModel、PMML 等多种格式的模型。

5.4.2 产品功能设计模式

5.4.1 节介绍了 PRD 设计中的一些规范，本节会重点介绍不同类型的产品大体按照什么样的模式去设计。根据作者自身的工作经验，可以将人工智能 ToB 产品按照云产品的不同层级的划分方式去划分，将产品的设计模式分为 SaaS、PaaS、IaaS 这 3 种方式。

首先介绍客户在 SaaS、PaaS、IaaS 产品功能上的一些需求的区别，通过一个生活中的例子说明：假设客户最终的需求是一盘好吃的菜，那么 SaaS、PaaS、IaaS 这 3 级产品各自会供给用户什么样的服务。

SaaS 级别服务会直接把做好的菜提供给客户，客户没办法自己调整菜的口味，如图 5-19 所示。喜欢 SaaS 类服务的客户是那些不需要关注技术细节，希望通过付费快速得到服务的客户。SaaS 级产品对于客户的优点就是可以直接解决问题，但问题是客户没有办法掌握这类服务的底层技术细节，没办法自定义二次开发，以后有了类似需求仍需要购买相关的产品。比如客户今天吃的辣白菜，明天想吃醋溜白菜了，客户还需要再去购买，以上是 SaaS 级别服务的特点。

PaaS 级别服务提供的是炒菜用的基本原料和锅，用户可以基于自己的需求去烹饪，前提是客户要具备烹饪的能力，如图 5-20 所示。喜欢 PaaS 级别产品的客户通常把烹饪这件事当成核心技能，希望自己掌握该技能，但是又不想掌握种菜这样的初级工作，客户只想做最核心的模块，费时费力的模块交给平台完成，所以 PaaS 级别产品一般都是平台型产品。

图5-19　SaaS级别服务

图5-20　PaaS级别服务

IaaS 级别服务提供的是最原始的基础能力，比如种菜的种子和土地，客户需要自己种菜、自己采摘、自己烹饪，如图 5-21 所示。使用 IaaS 级别的服务，客户可以享受最多的灵活性，可以掌握所有的技术细节。但是因为缺少上层的服务，对于客户自身技术的要求也是最高的。

图 5-21　IaaS 级别服务

总结下来，SaaS 级别的产品一定要重视易用性，最好是开箱即用。PaaS 级别产品要注意流程性，要给客户塑造好一个执行流程，具体每一个步骤怎么执行要留给客户足够的灵活性。IaaS 级别产品只提供最基础的运维保障，剩下的所有功能全部交给客户自己完成。接下来，基于作者的经验，介绍这 3 种产品的设计模式以及需要注意的事项。

5.4.2.1　SaaS 级产品设计模式

首先，SaaS 级别产品的设计模式要分别从 User 和 Buyer 二者的期望去分析。从购买者，也就是 Buyer 角度看，希望通过付费的方式直接获取服务，具体的服务效果是由产品方控制，效果越好，Buyer 付费的意愿越强。所以为了满足 Buyer 的购买决策需要，SaaS 级的产品最好包含一个结果校验页面，允许客户直接上传一些校验数据看结果，把效果直接展示出来。而 SaaS 级别产品的 User 通常不会具备该领域特别强的技术背景，如果技术背景很强会考虑用 PaaS 或者 IaaS 级产品自建。所以，SaaS 级产品最好做得简单易用，可以帮助 User 快速上手，不要设置太多门槛。最近比较流行的一个 SaaS 产品的输出模式是通过 API 的形式输出，这样 User 可以通过标准化的接口快速使用产品，API 的模式也方便 Buyer 确定产品的效果。

通过以上分析就可以得到结论，为了满足 User 和 Buyer 的需求，SaaS 级产品需要至少包含两个模块：一是服务的封装，最好把产品功能封装成 API 的形式供客户直接调用；二是要有一个线上效果校验的页面，帮助客户直观地了解产品功能和效果。

图 5-22 是一个标准的 API 类 SaaS 级别产品的展现形式，提供客户线上的 API 调用方式和校验功能。

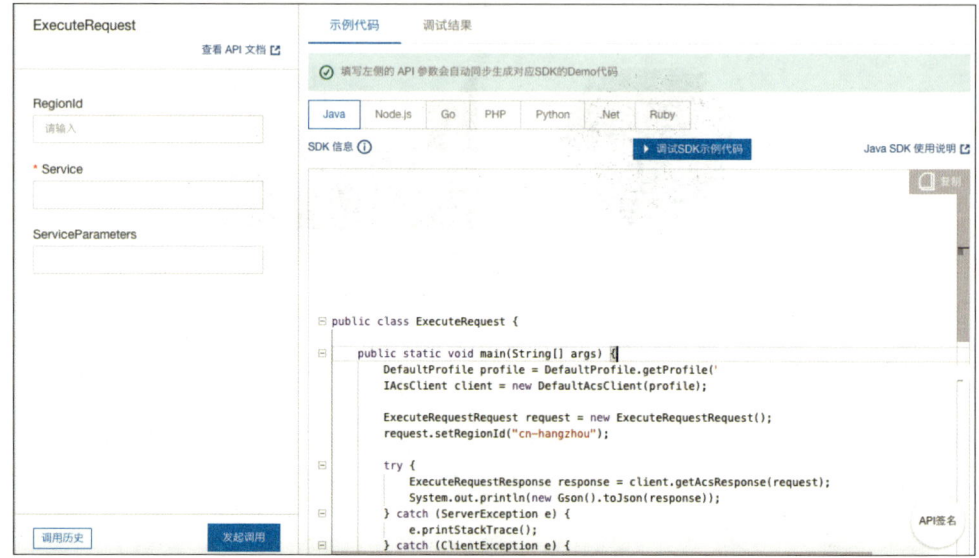

图 5-22　API 类 SaaS 级别产品

产品经理在设计 API 的时候要注意以下几个方面：通信协议、接口请求方式、出入参字段、接口响应机制。

（1）通信协议

使用 API 服务会涉及产品服务与第三方系统间通信的问题，通信协议一般包含 http 和 https 两种。https 是 http 的加密版本，https 能有效避免数据在传输过程中被截获的风险。目前业内比较通用的方式是 https 服务，因为人工智能 ToB 产品涉及很多数据交换环节，需要做好数据加密和安全工作。

（2）接口请求方式

常见的人工智能 ToB 的 SaaS 级服务如人脸识别或者 OCR 这样的产品，需要客户将数据通过 API 接口传送到服务器，再获取服务器的结果反馈，整体流程如图 5-23 所示。

图片在用户端和服务的数据交互形式一般有两种，分别是 Post 和 Get。Get 请求方式是将图片和请求参数直接写到 API 的 URL 地址中，因为受限于 URL 地址的长度，所以 Get 请求一般不能发送太大的数据。Post 请求是将传输的数据和参数写在 Body 中，通常是一个 JSON 格式的文件。Post 相对于 Get 方式，可以支持更多体量的数据传输，另外在安全性方面也表现更优。目前业内常见的 API 类 SaaS 级别服务都是通过 Post 形式实现数据传输。

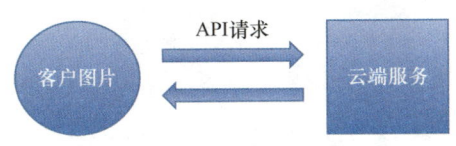

图 5-23　数据传输流程

（3）出入参字段

在做 API 设计的时候，产品经理还需要设计服务的出入参字段。以人脸表情识别这样的 API 服务为例，通常入参是客户输入的人脸图片。因为数据需要通过 API 的 Post 形式传递，通常需要将输入的图片进行 Base64 编码，并且要明确给出数据大小、格式等要求。另外入参除了要包含数据的编码格式，还要包含一些算法参数（比如识别率的阈值是多少、返回最有可能的几个答案），这些参数都可以在 Post 阶段传递。出参指的是发送请求后返回的字段内容，需要设计出参是以数组还是其他形式返回，具体说明这些字段是什么。

（4）接口响应机制

接口响应机制可以简单理解为 API 服务是否直接响应请求。有些产品的服务可能要快速做出响应，比如刷脸支付必须在最短的时间内完成支付并且反馈给客户结果。有些产品服务因为后台有一系列的计算逻辑，比如 API 服务触发的是一个模型训练功能，那可能要等几小时才能得到反馈结果。根据反馈的时长可以将 API 分为同步响应接口和异步响应接口，同步响应接口是实时反馈，而异步响应接口可能需要一段时间才能反馈结果。

以上是对 SaaS 类产品经常涉及的 API 服务的一些介绍。另外，对于 SaaS 类服务的效果也要有展示模块，例如提供的服务是一个人脸的表情识别和性别识别，最好允许客户上传图片试用，并且直观地在图片上标记出识别结果，可以参考如图 5-24 所示的这种人脸表情识别效果展示。

图 5-24　人脸表情识别效果展示

5.4.2.2　PaaS 级别产品设计模式

在人工智能产品领域，PaaS 级别产品为客户提供了一个实验环境，具体产出的模型效果通常是由客户自己保证的。所以 PaaS 级别产品的 Buyer 比较关注产品的工具效率，User 更关注模型训练过程中能够提供哪些流程化的管理功能。典型的人工智能 ToB 类的 PaaS 级别产品就是机器学习平台。

因为机器学习建模过程是严格按照以下流程进行的，需要有数据准备、特征工程、模型训练、模型评估、模型发布这 5 个基础环节。这 5 个环节相对来说比较独立，而且每个环节根据产品功能需要可以扩展出多个子环节。针对以上的特点，作者建议 PaaS 级别的产品可以按照"面包屑"的模式去设计。"面包屑"是一种导航型的功能展示方式，它能让客户清晰地了解到当前应用所处的位置，并能方便地回到原先功能所在的页面。常见的"面包屑"样式如图 5-25 所示，是通过横向的文字链接表明客户目前在流程中所处的位置。

图 5-25　"面包屑"模式

大家可以观察下各大云厂商的 PaaS 级人工智能产品服务，会发现"面包屑"这种模式被大量采用。这样做的好处就是可以将人工智能建模的各个流程解耦，每个步骤可以各自设计独立的权限模式或者计费模式。另外，这种"面包屑"的设计也很容易在每个流程模块衍生更多的子流程。常见的机器学习领域的各个子流程的功能模块如下所示。

- 数据准备：数据标注、数据过滤、数据采样。
- 特征工程：自动特征提取、特征筛选、特征评估。
- 模型训练：深度学习训练、浅层模型训练、模型调参。
- 模型评估：F1 Score 评估、混淆矩阵评估。
- 模型发布：离线模型在调度系统中发布、将模型部署成在线服务。

通过"面包屑"这种模式可以让客户很清晰地了解整个 PaaS 产品在使用流程中可能会包含哪些主要功能，也可以非常有力地帮助客户去理解和使用子模块的相关拓展功能。

5.4.2.3　IaaS 级别产品设计模式

IaaS 级别产品一般都是资源类产品，在人工智能 ToB 领域，IaaS 级别产品通常是 GPU 服务器这样的产品。对于 IaaS 级产品，User 和 Buyer 关注的点无外乎稳定和安全，因为使用 IaaS 级产品的客户，一定是具备较强的技术能力，希望完全掌握核心技术的客户。所以 IaaS 级产品只需要做好资源的监控和管控，产品的核心是要有一个资源的仪表盘以及服务报警机制。仪表盘可以帮助客户快速了解资源的水位和利用率，报警机制可以方便客户及时发现系统中的问题。相较于 PaaS 产品和 SaaS 产品，IaaS 产品的客户交互相对较少，本书就不展开讨论了。

5.5　本章小结

本章重点介绍了人工智能 ToB 产品在产品设计方面有哪些工作。首先介绍了产品的售卖模式设计，将售卖模式按照时间、功能、用户量、服务等维度进行了拆分，介绍了不同的售卖模式。在权限体系设计模块，依照 RBAC 设计思想，介绍了如何为 ToB 产品设计权限点和角色，帮助大家梳理了在权限设计过程中需要重点考虑的因素。在 SLA 设计环节，介绍了 SLA 设计中涉及的时间周期、服务可用性、赔付标准 3 个概念，完整地体现了 SLA 设计中需要关注的核心因素有哪些。

最后重点介绍了 ToB 产品的功能设计，分别介绍了在完成 PRD 的过程中需要遵循哪些规范,并且给出了一个简单的案例供大家参考。另外,针对 ToB 云产品的不同特点,分别介绍了 IaaS、PaaS、SaaS 这 3 种类型的产品究竟适合哪种设计模式,应该包含什么样的功能模块。

5.6 解惑答疑

在本章中,大家可能比较关心的几个问题总结如下。

问题 1:PRD 的边界是什么,一定要包含高质量原型图么?

答:作者认为 PRD 的最终目的是让开发人员理解要做的产品功能即可,不一定要有非常高保真的原型图,只要能清楚地展示每个功能的形态即可。不要把过多的精力放在画图方面,要把精力放在如何把功能描述清楚。

问题 2:商业模式和售卖模式的区别?

答:售卖模式是商业模式的子集。售卖模式更多的是介绍产品具体以什么样的方式出售,是预付费还是后付费。而商业模式除了包含产品的售卖方式还包含产品的整个营销策略,比如产品是主打什么层次的客户,做头部客户还是腰部客户;如何切入客户,是做 Upsell(在已经售卖的产品功能基础上增加额外的附加售卖项)还是交叉营销。

第 6 章
人工智能产品 GTM

前面介绍了如何通过市场分析去发现问题和解决问题,接着又通过产品规划和产品设计确定了解决问题的方法和产品形态,本章会介绍当产品经理设计并上线了一款产品之后,如何帮助产品真正走向市场,给客户带来价值。本章也是整个产品设计和开发流程的最后一个环节,重点包含产品的营销和售卖环节,也可以叫 GTM(Go To Market)环节。

产品的营销和售卖十分重要,因为在 ToB 领域基本不存在"酒香不怕巷子深"的情况,再好的产品,如果没有好的营销封装或者精准的售卖策略,也很难触达最终的客户。人工智能类产品,因为涉及新兴的技术,可能对一部分潜在客户存在认知门槛,更需要在营销和售卖环节多下工夫,甚至要做到边培育市场边探索市场。

讲到产品的 GTM,首先要介绍 GTM 包含哪些步骤,通常产品从走向市场到最终在客户端落地可以分为 4 个步骤,按照先后顺序分别是确定市场、营销、售卖、客户转化。这 4 个步骤形成了一个漏斗型的客户转化模式。图 6-1 是客户转化的漏斗结构。

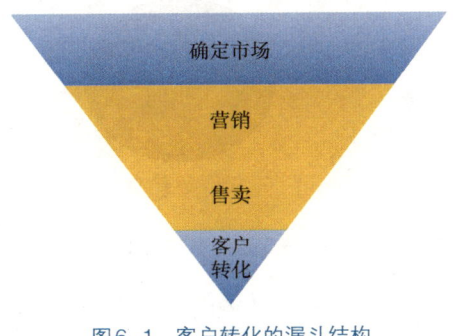

图 6-1 客户转化的漏斗结构

在这 4 个环节中，产品经理都会扮演着重要的角色。在 GTM 阶段，商业化产品经理的主要职责是设立框架和目标，具体的工作更多地体现在对营销和售卖两个环节的赋能。

产品营销环节的执行者是运营人员，运营人员需要通过会议、媒体、沙龙等手段增加产品的曝光度，完成对市场的教育，并且从广泛的受众中粗筛一部分潜在客户。产品经理在产品营销中的角色就是支持运营人员，为运营人员提供可以获取流量的弹药，比如各种产品介绍文档、产品性能报告等。

在产品售卖环节，ToB 场景的产品售卖，一般都是各区域的销售人员直接触达客户进行售卖。产品经理在此期间需要向前方销售人员进行赋能，提供产品的核心卖点以及在市场的竞争优势，并且帮助销售在售前阶段做好一系列的客户支持工作。

接下来将基于 GTM 的 4 个环节向大家介绍产品经理的具体职责。

6.1 确定市场

第一步是确定市场，为什么用"确定"市场而不是"找到"市场呢？因为一个产品的目标市场是在产品的建设之初，"市场洞察"环节就找到的。GTM 的时候面向的市场一般是市场洞察时候规划的市场范围的子集，这两者的关系如图 6-2 所示。

图 6-2 "市场洞察"环节的市场空间和 GTM 面向的市场

在产品的市场洞察阶段，我们更多的是去探索产品所在的市场规模的上限，这样才能在未来制定产品发展计划时注入更多想象力。而在产品上线后，开始进行市场探索的时候,又要从一个可以快速实现产品价值并且投入产出比最高的细分市场做切入口。所以GTM时期确定的市场范围通常是市场洞察阶段确定的市场范围的子集。

GTM阶段确定的市场可以通过以下这些点去评估:市场容量、触达能力(指的是销售人员能否直接触达客户,例如某些产品如果准备做海外市场,那么销售人员可能很难直接触达海外市场,因此触达能力是一个关键评估指标)、市场竞争情况、市场成熟度(客户是否对相关产品有认知力)。

假设一款基于人工智能技术的生产提效产品在市场洞察阶段设立的目标市场是整个互联网市场,那么在GTM阶段可以先将互联网市场的客户按照规模分为头部客户、腰部客户、长尾客户,并且将各个细分市场按照优先级进行排名,选择一个最容易细分市场的客户作优先切入。可以通过打分的形式去做细分市场的优先级排序,如表6-1所示,每一项1~5分,高分对应市场容量大、销售触达力强、市场竞争不激烈、市场成熟度高。

表6-1 为细分市场打分

客户群体 细分内容	头部互联网客户	腰部互联网客户	长尾互联网客户
市场容量	5	4	2
销售触达能力	3	5	2
市场竞争	2	3	4
市场成熟度	4	4	3
平均分	3.5	4	2.75

(以上的表格只是一个样例,数据不具备代表性)通过表6-1分析,可以看出腰部互联网客户的市场情况是比较理想的。所以产品经理需要给前方运营人员和销售人员一个明确的信号,先从互联网腰部客户这个细分领域做起,等产品在该领域站住脚,再向其他类型的互联网客户或者其他领域的客户扩张。

在确定市场的环节,产品经理为整个业务线的同事设立了一个方向,接下来就要开展一系列的营销和售卖工作。

6.2 营销

在 ToB 领域，产品营销有点像 C 端产品的流量运营，需要通过媒体、会议、提升搜索权重等手段帮助产品获得市场认知。看上去是运营人员唱主角的工作，但是作者认为产品经理在营销环节的作用也是举足轻重的。如果说运营人员是主角的话，产品经理更像是站在运营背后的"操盘手"。

在做营销活动之前，产品经理需要与运营负责人一同明确营销的目的，营销目的无外乎是教育市场、拓展知名度或者获取潜在客户。手法通常是以面取点，通过消费大量的流量最终达到营销效果。在人工智能领域常见的营销手段包含：投稿到专业公众号的技术文章、参加评估机构的测评、提升搜索引擎的相关词的权重、技术会议或沙龙、投放教学视频等。营销的效果其实跟最终采用的营销手段息息相关，假如营销的目的是直接获取潜在客户，那组织线下沙龙是比较直接的办法，可以直接在现场跟有意向的客户拉群交流，而参加一些评估机构的测评可能在短期内对直接获取潜在客户没有太大帮助。

在营销过程中，产品经理需要不断地为运营人员赋能并且提供"弹药"。因为人工智能产品是偏技术型的产品，可能大部分的潜在客户都是技术领域相关的从业者，运营人员可能不具备非常专业的背景知识，所以需要产品经理更多地给予支持。

接下来作者根据自己的工作经验介绍一些与运营人员之间合作处理的事务，例如机构测评、技术沙龙、媒体宣传类文章的准备等。

（1）机构测评

人工智能是技术领域比较受关注的一个方向，所以最近几年很多国内外的测评机构每年都会举行相关的测评工作。比较有说服力的测评机构包含 Gartner、Forrester、IDC 和中国信通院。

参加机构测评的收益有以下 3 点。

- 如果测评结果比较好，相当于获得一个资质认证，在参加一些客户项目投标的时候可以作为重要的参考依据。如果有国内外权威机构的肯定，也是对客户决策链路的一个正向引导，可以减少客户下单时的疑虑。
- 测评报告一般会明确标识当前产品所在领域的关键评测项，例如机器学

6.2 营销

习平台通常会考察算法的种类、自动特征工程的能力和自动调参的能力。这些测评项也是对后期改进产品的一个目标性的指引。

- 评测报告会包含同领域的产品的能力排名,一般会以魔力象限的形式展示,如图6-3所示,获取这样的象限也可以帮助产品经理加深对竞品能力的了解,可以快速获取哪些产品是直接竞品,以及各个竞品间的优劣势。

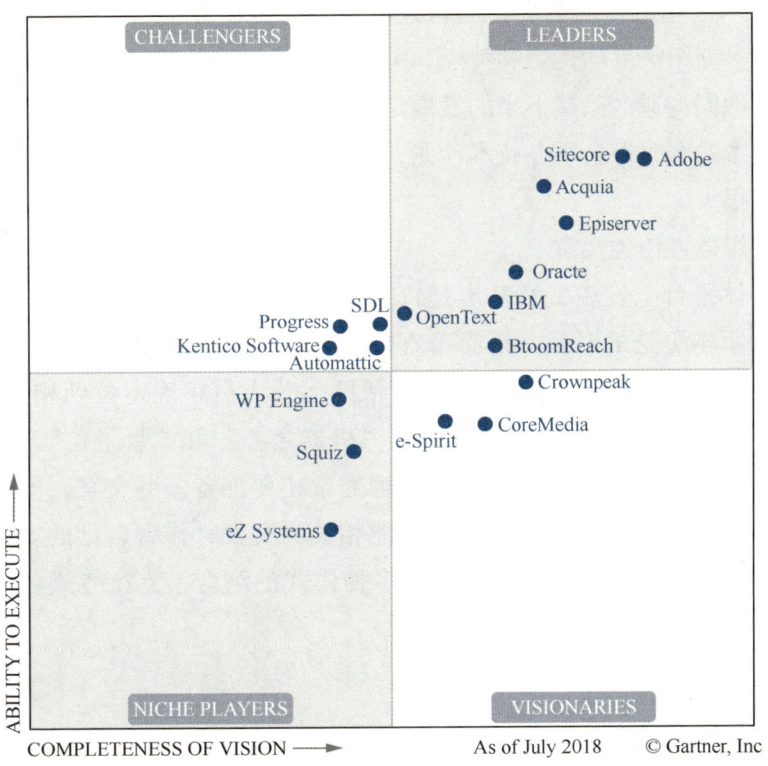

图6-3 魔力象限示例

在测评工作中产品经理和运营人员的合作方式一般是运营人员负责对接各个评测机构,沟通评测价格和整个评测的项目进度,产品经理负责与测评的专业人员根据测评要求一项一项地进行陈述。最终获取测评报告后,运营同学需要将相关的测评结果通过媒体或者其他运营手段让大家周知,从而提升产品的知名度和影响力。

(2)技术沙龙

技术沙龙其实是很好的一种运营手段。因为人工智能技术的更迭很快,而且大部分的客户都是技术相关领域的从业者，所以以技术宣传的名义举办一些技术交流性的沙龙，比直接投放产品广告更容易被大众接受。

微软是国际上在 ToB 软件领域做得最成功的公司之一，微软非常注重技术影响力，经常会在学校或者共享办公室等场所举办各式各样的技术沙龙。在技术沙龙中，通过技术分享可以自然而然地可以引出产品相关的介绍。

在技术沙龙这样的会场，运营人员更多的是负责组织，产品经理可以做演讲嘉宾，介绍产品的优势和特点，另外也可以邀请一些老客户或者潜在客户到场，跟他们沟通产品接下来的发展是否能满足客户的预期。基本上作者在产品大的版本发布时都会举办技术沙龙，跟客户们做面对面的交流，这对产品的成长帮助很大。

（3）媒体宣传类文章

在媒体平台上发表文章基本是每个运营人员的必修课，当产品刚上线或者有大的版本更迭的时候，最简单直接的让大众获取相关信息的方式就是通过媒体发声。产品经理的作用一般是帮助运营人员精确定位到相关的媒体，比如人工智能领域比较好的公众号有"机器之心"和"量子位"。除了帮运营人员设定适合的投放媒体，产品经理通常还要准备一些文案，所以平时工作中产品经理要注意收集各种产品功能相关的文案，作者自己的文件夹中有 300 多篇文案，这些文案可以用来做多种模式的组合，支持各式各样的运营活动。

6.3 售卖策略

根据本章开篇提到的用户转换漏斗，产品经过营销之后会通过售卖的方式去触达最终用户。作为 ToB 类型的产品，售卖阶段通常是由每个公司的销售人员直接跟终端用户接触，产品经理在这个阶段的工作重点是对销售人员的赋能。为销售人员赋能分为 3 个方面，第一是如何找到销售队伍中的产品代言人，第二是做哪些方面的赋能，第三是典型客户的包装。

（1）如何找到销售代言人

通常，企业的销售人员不一定具备很强的技术背景，特别是针对人工智能类技术型的产品,大部分销售人员是比较难以掌握其中的技术细节的。另外,每个销售人员不一定只负责售卖一款产品,有可能是多款甚至几十款产品,在一些大的云厂商,每个销售人员可能要做近百种产品的售卖工作。所以,一般新产品上线,很难让所有的前方销售人员都快速理解并认识到产品的功能和卖点,而且销售团队可能长期都在全国各地出差,很难聚集,这时候让销售团队对新产品产生共鸣的最好的方法是在销售团队找产品的"代言人"。先说服产品"代言人",让他们相信这款产品是有市场的,并且取得一些市场上的业务效果,再通过这些业务效果影响更多的销售人员。

寻找产品的销售"代言人"有很多方式,本书介绍如何通过分析销售团队的组织架构寻找代言人。首先站在销售人员的角度思考一个问题,销售人员最爱售卖哪种产品?一定是客户多且客单价高的产品。客单价是由产品的属性决定的,很难改变,而对于销售人员来说,客户数是一个不确定因素。从组织架构去思考这个问题,假设今天推出一款产品,目标客户是金融类公司。那么负责金融领域的销售人员一定会更有意愿去了解这样的产品,因为这样的产品会给他带来更多的客户转化。另外,如果销售人员的组织结构是按照区域划分,那么负责上海这样的金融贸易中心的区域销售人员就更有可能是成为产品代言人。所以,如果需要推广的新产品是跟金融领域相关的产品,可以选择先赋能上海区域的销售人员。

总结一下如何在销售赋能工作中找到产品代言人,如图6-4所示。

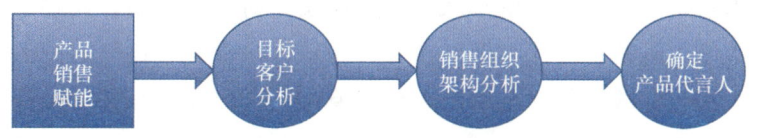

图6-4 寻找产品代言人的步骤

首先要有明确的产品的目标客户,比如目标是金融行业客户、教育行业客户、交通行业客户等,接着要做销售团队的组织架构分析,挖掘销售团队中潜在的产品代言人,找到代言人后做定点的赋能,让这些产品代言人能明确掌握产品的功能和卖点,然后通过代言人去影响更多的销售人员,最终达到业务效果。

(2)如何对销售赋能

销售赋能工作切记讲太多的产品功能和技术细节,因为销售人员往往不具备很强的人工智能技术背景。作者认为，最好的销售赋能方式是用4页PPT明确阐述清楚以下4件事。

① 客户画像是什么：包括用户的Persona画像以及市场营销和售卖过程中所针对的潜在市场对象。

② 售卖策略是什么：破冰策略，还是交叉营销，或者是Winback策略。

③ 产品的市场卖点是什么：产品主要解决的问题是什么，跟竞品比较的优势在哪。

④ 计费方式：产品在不同形式下是如何计费的。

其中①、③、④这3点，前面的章节都有介绍，本节重点讲售卖策略。售卖策略指的是产品以什么方式面向客户售卖，一般分为破冰策略、交叉营销和Winback策略这3种。

破冰策略指的是产品主要面向没有使用过相关产品的客户售卖，假如我们研发了一款OCR产品，如果采用了破冰这样的售卖策略，那么就要主推那些没有用过OCR产品的客户。在破冰策略中很看重产品的功能性，是否能为客户提升效率，改变客户原有的生产模式，这样客户才能敢于尝试使用新产品。

交叉销售是一种比较有效的售卖方式，举个例子说明什么是交叉销售。假如某个产品B是AWS生产的，是基于AWS的数据库产品A开发的，如果有一个客户已经购买了AWS的数据库A这款产品，那么再向这家客户推销B，客户就会相对比较容易接受，但这一切的前提是客户确实有使用B的需求。交叉营销的特点就是以组合拳售的形式做产品贩卖，对于客户的好处就是客户可以得到一定程度上的资源复用，节约成本，另外客户也希望自己的技术架构能更多地在一个平台完成搭建，免除跨平台的麻烦。所以在产品售卖过程中，可以优先考虑通过交叉营销的方式获客，在向销售赋能的过程中也可以重点介绍该产品是如何跟其他产品打通的，方便销售人员更好地落实这样的售卖策略。

Winback策略一般指的是业内已经存在一款竞品，并且这款竞品也已经积累了一定数量的客户。这时候推出一款在某些方面超越竞品的产品，要选择主攻竞品的存量客户的售卖方式。Winback策略对于销售的好处就是不需要担心客户的接纳性问题，因为Winback策略的目标客户都是有相关产品使用经验的。Winback策略比较难的点是一定要在某些客户极为关心的方面大幅领先竞品，才有可能说服客户从竞品向我方迁移，因为产品间的迁移成本是一个很大的销售门槛。所以，对于新产品来说，主打 Winback 这样的销售策略的难度是比较大的。针对 Winback 策略，在赋能的时候一定要在竞品分析方面给销售人员剖析清楚。

综合上文介绍的 3 种售卖策略，可以总结出以下经验，如表 6-2 所示。

表6-2 3种售卖策略的对比

售卖策略	难易程度	售卖目标	赋能重点
破冰	中	该领域的新客户	突出产品的功能性，介绍产品如何能帮助客户降本提效
交叉销售	易	在同一云平台上，但是没有使用过该产品的客户	介绍产品和平台上其他产品是如何打通的
Winback	难	竞品的存量客户	介绍产品和竞品的区别和优势

6.4 成功案例封装

成功在市场立足的产品，经过一段时间的市场检验后一定会沉淀出一批典型客户，这个时候产品经理需要将这些客户中有代表性的，最好是该领域排名 Top5 的客户作为成功案例进行封装，将封装好的客户案例向更多的客户宣传，这样就能起到"以点打面"的效果。通过头部客户的"点"带动其他客户的转化，从而将整个"面"打透，如图 6-5 所示。

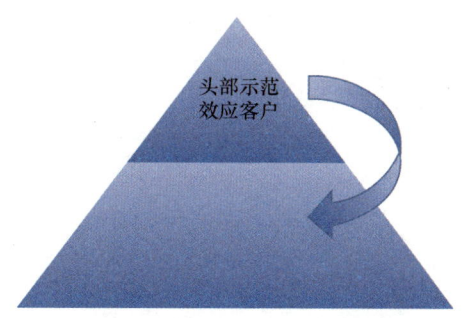

图6-5 "以点打面"的推广策略

封装典型案例的时候一定要注意的就是，当我们准备将客户案例对外宣讲，甚至在媒体面前曝光的时候，一定要事先得到客户公关部门的许可，不然可能会造成公关危机。

当案例得到客户许可后，就可以在各种渠道传播，包括媒体、产品官网、售卖 PPT 等。这样一来，客户转化漏斗就形成了闭环（见图 6-6）：先确定市场，然后按照"以面取点"的方式进行市场营销，接着对转化的客户进行售卖，售卖成功以后将典型客户封装成客户案例，做到"以点打面"，最后又把成功案例推回给运营去做市场营销和宣传。

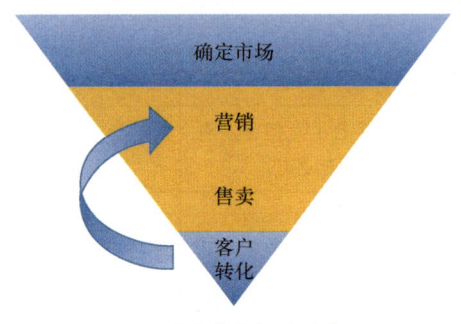

图 6-6　客户转化漏斗形成闭环

客户案例介绍要尽可能简单并且能够抓人眼球，可以参考图 6-7 的形式。最关键的是要有一张客户业务架构图，在这个图中明确标识售卖的产品对客户整个业务的价值。另外，如果有一些客户端可以披露的关于效果的数字一定要在客户案例中体现出来。

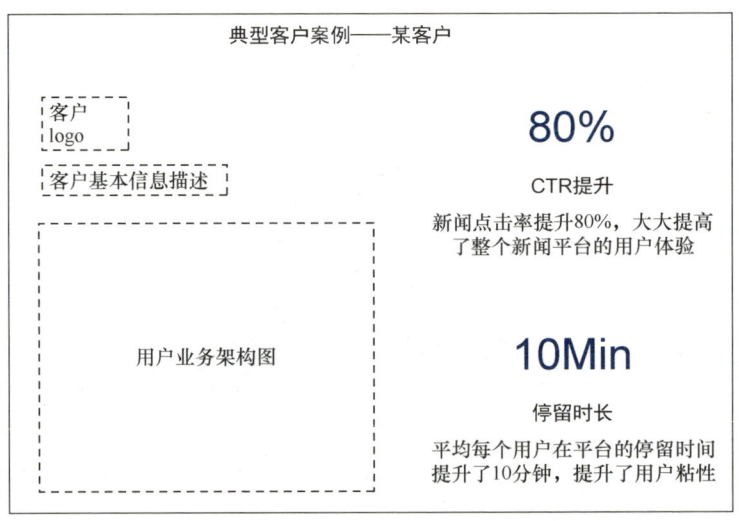

图 6-7　客户案例介绍

6.5 本章小结

本章介绍了产品上线后如何走向市场，也就是 GTM 的基本策略。其实市场是唯一检验产品的试验场，优质的 GTM 策略可以帮助产品快速触达潜在客户，取得业务效果，好的业务效果也有助于产品去获取更多资源，从而不断地迭代和进化。

作为人工智能商业化产品，因为整个大环境对于人工智能类的技术正处于好奇又模糊的阶段，产品经理在制定 GTM 策略的时候一定要考虑到所在市场的接受度，这是第一步确定市场的环节。在第二步营销环节，要针对人工智能这个领域可能感兴趣的一些媒介做精准的触达。第三步要为销售人员提供足够的"弹药"，从破冰策略、交叉营销、Winback 策略这 3 种售卖策略中选择适合自身产品的售卖策略。第四步要注意选择典型的客户案例进行封装，最后实现"以点打面"的效果。

以上就是本章关于产品 GTM 的介绍，希望可以帮助大家了解产品上线后如何确定市场、精准营销、成功售卖以及案例封装，掌握构建 GTM 的客户转化漏斗的技巧。

6.6 解惑答疑

在本章中，大家可能比较关心的几个问题总结如下。

问题 1：产品 GTM 的主要参与角色有哪些？

答：运营人员、销售人员和产品经理。其中运营人员负责产品的品牌营销和流量推广，主要是普及产品的受众，让大众了解产品的功能。销售人员负责直接触达终端客户，为产品输入源源不断的商机。产品经理是幕后的推手，为运营人员和销售人员赋能。最终的目的是让客户转化漏斗形成闭环。

问题2：在GTM阶段产品经理是否需要向前补位？

答： 销售人员和运营人员一定是GTM阶段冲锋在前的角色。但是某些人工智能产品可能存在使用门槛较高，前方业务推广不利的情况。这个时候作者认为产品经理向前补位是很有必要的，好的B端产品经理也需要具备好的销售人员的属性。但是这种补位不要常态化，当前方人员可以独立承担GTM的业务角色的时候，产品经理要及时回归产品岗位，打磨好产品功能。

第 7 章
案例实践——从零规划联邦建模平台

在前面的章节，本书从理论视角介绍了在人工智能 ToB 产品构建过程中可能会涉及的市场洞察、市场规划、产品设计以及产品 GTM 的方法。但是只从理论角度出发去介绍如何构建产品的方法论是不完整的，本章将从零开始介绍如何基于以上的理论完成一款人工智能 ToB 产品的规划和设计。本章以联邦学习平台为例进行讲解，选择这款产品有以下几个原因。

① 联邦学习在技术层面已经相对成熟，但是目前商业市场还没有非常成熟的产品形态问世。

② 联邦学习平台是 PaaS 级产品，在计费设计、权限管理、产品设计方面会相对比较复杂，有利于完整地将理论进行实践。

③ 联邦学习面向的是一块比较新兴的市场，在网上没有现成的资料可供查询，有利于验证如何利用市场洞察理论进行市场分析。

本章会首先介绍如何定义问题，然后介绍联邦学习产品如何解决问题。接着按照本书的知识线路，依次按照市场洞察、产品规划、产品设计、产品 GTM 介绍如何从零开始完成联邦学习平台整套 MRD 和 PRD 的设计。为了方便说明，本章的产品构建以一个虚拟的假设作为先决条件，假设联邦学习平台是国内某头部云厂商的产品。另外，需要补充说明的是，本章关于联邦学习平台产品的定义和构想只为介绍书中的理论，并不具备实际的参考价值。

7.1 定义问题和解决问题

产品经理准备立项一款产品的动机一定是为了解决行业内某个问题，推动产品上线的过程其实是定义问题以及解决问题的过程，市场调研、客户调研都是为了验证这个问题引发了足够多的客户痛点，是值得解决的。

假设要解决的问题是行业内数据孤岛的问题。在人工智能领域，数据是一切的基础，在训练人脸识别模型的时候需要大量被标记的人脸数据，在训练智能推荐模型的时候需要大量关于用户行为的数据。但是随着行业的发展，越来越多的领域被几家巨头垄断，比如国内出行领域的数据会被滴滴、高德、百度等公司掌握，电商领域的数据会被阿里巴巴、拼多多、京东掌握，这些公司会随着业务的增长渐渐形成数据壁垒，最终形成数据孤岛。数据孤岛使许多中小企业在做数据相关的营销活动时会受制于数据量或者数据维度的不足，无法达到理想的效果。

国内仅互联网行业就有上万家企业有数据运营需求，这些企业在业务的发展中大概率会涉及人工智能技术的应用。而数据孤岛效应会成为这部分企业应用人工智能技术并且完成精细化数据运营的壁垒。

首先，我们定义了要解决的问题是数据孤岛问题，解决这个问题的方案有两种，一种是通过某种方式让拥有大量数据的互联网巨头公司的数据为小公司所用，另一种是通过某种方式让小公司之间产生一定的数据交换，互相弥补彼此数据的不足。

至此，我们基本定义了问题，并且确定了解决问题的方向，接下来就需要通过市场洞察分析去详细地解析这个问题的深层内涵以及客户痛点，将问题和解决方案固化下来。

7.2 联邦学习市场洞察

通过市场洞察可以确定客户面对数据孤岛问题的具体需求是什么，客户分层和 Persona 画像是什么样的。通过 PEST 分析可以获取解决这个问题需要规避什么样的风险，技术是否可行，市场的空间和产业链情况是怎样的，市场的竞争情况是什么样的。

7.2.1 客户需求分析

在客户需求分析环节，需要利用客户洞察、客户分层、客户画像等工具确定愿意为解决数据孤岛问题买单的客户究竟是什么样的，属于哪个行业和哪个领域，用户的 Persona 画像是什么样的。

第一步要找到对解决数据孤岛问题最急迫的客户群体，在第 3 章介绍过，客户需求可以从强度、密度、长度、广度这几个维度去分析。从获取数据做模型训练的角度分析，有这样需求的客户一定是自身具备算法能力的，满足这样需求的客户一般是消费互联网公司或者媒体、金融行业的公司，这些信息可以跟前方的业务团队沟通获取。可以通过用户洞察的基本方式，比如问卷、客户拜访等方式重点了解消费互联网、金融、媒体等领域关于解决数据孤岛问题的需求。

可以针对这些领域的客户按照强度、密度、长度、广度 4 个维度组成一个列表，为了让表格更清晰，此处只通过 Buyer 视角去分析，如表 7-1 所示。

表 7-1　Buyer 视角的数据孤岛问题分析

潜在客户	强度	密度	长度	广度
消费互联网行业客户	需求较强，有大量的语音、视觉、营销类场景需要数据进行模型训练	密度高，因为用户量普遍大，并且场景丰富	长度普遍较长，具体还要做行业细分	广度高，大约 80% 以上的消费互联网公司有人工智能场景的应用
金融行业客户	需求强，主要是金融机构间数据不通，需要彼此的数据补充各自的负样本库。业务场景大部分是风控	密度较低，因为现阶段场景比较单一	长度较短，因为金融机构的服务一般并不会跟客户做大量的交互	中等，很多金融机构其实不一定要自建风控，有一些会选择从第三方采购服务
媒体行业客户	媒体行业都在做互联网化转型，主要需要用户的画像数据做一些内容的精准营销	密度较低，因为整个行业的互联网化处于初始阶段	长度长，因为客户一旦登录媒体行业客户端，全程都会收到内容推送	广度较低，目前传统媒体行业可以完整实现基于用户画像的精准营销建模的客户还不多

综合对数据孤岛问题的需求的强度、密度、长度、广度的分析，消费互联网领域的客户可能对解决这种问题的产品需求较强，接下来可以针对消费互联网领域的客户做更详细的分层和 Persona 画像。

7.2.2　客户分层

在客户需求分析环节确定了解决数据孤岛问题的产品的目标客户是消费

互联网行业客户。在这一小节，我们将会对消费互联网行业的客户进行分层，并且最终确定目标客户的所在层级。消费互联网行业的公司以手机 App 开发商为主，以下易观移动 App Top1000 排行榜的数据，如图 7-1 所示。

排名	App 名称	月活跃人数（万人）	环比变化%
1	微信	94,432.4	1.82%
2	QQ	58,648.4	6.04%
3	支付宝	56,322.3	3.71%
4	爱奇艺	55,847.7	3.80%
5	淘宝	50,314.9	-6.20%
6	腾讯视频	45,882.4	1.10%
7	优酷	43,098.6	1.30%
8	搜狗输入法	35,297.7	4.59%
9	WiFi万能钥匙	34,835.6	-1.64%
10	微博	32,055.3	-6.22%
11	手机百度	31,562.0	-0.23%

图 7-1　2019 年 1 月移动 App 用户数据（数据来源：易观）

国内月度活跃用户数量在 100 万以上的 App 服务商约有 1000 家，这 1000 家是人工智能 ToB 产品争夺的关键，也是客户价值相对较高的潜在客户群，因为月度活跃用户量高意味着客户的市场占有率高，而市场占有率高的公司在 IT 投入上会地较多（因为某些公司有多款 App 上榜，可以暂时忽略这种情况，将每个 App 看作一个独立的客户来分析）。

这时候将目标客户群从整个消费互联网行业缩小到按月度活跃用户数据划分的头部领域的 1000 家客户，接下来就要对这 1000 家客户分层。可以将互联网客户划分为头部、腰部、尾部 3 种，可以通过以下的方式划分：2019 年我国的移动互联网网民数量在 9 亿左右，如果月度活跃用户数量可以覆盖全部网民数量的 10%，则可以将该公司认定为头部互联网公司；如果月度活跃用户覆盖率为 1%～10%，则为腰部互联网公司。剩下的 App 在网民中的占比就比较小了，可以认定为尾部互联网公司。

头部互联网公司的月度活跃用户数量需要在 9000 万以上，根据统计结果，大约有 40 个 App 达到这样的要求，分割线如图 7-2 所示。

36	酷我音乐	11,143.2	0.05%
37	360清理大师	10,645.8	1.27%
38	讯飞输入法	9,344.1	−0.06%
39	360手机助手	9,187.1	−4.52%
40	百度手机助手	9,002.6	6.86%
41	芒果tv	8,838.4	10.42%
42	小米应用商店	8,634.2	1.87%

图 7-2　根据月度活跃用户数量划分互联网公司的头部梯队（数据来源：易观）

腰部互联网公司的月度活跃用户数量需要 900 万～9000 万，这一类公司大概有 200 家，如图 7-3 所示。

231	嘀嗒出行	912.4	1.22%
232	萤石云视频	908.4	−3.59%
233	10086	905.7	−2.47%
234	360借条	899.3	16.04%
235	分期乐	897.8	−2.13%

图 7-3　根据月度活跃用户数量划分互联网公司的腰部梯队（数据来源：易观）

所以消费互联网客户按照月度活跃用户数量分层的结果如下。
- 头部互联网客户：月度活跃用户数量在 9000 万以上，潜在数量约 40 家。
- 腰部互联网客户：月度活跃用户数量在 900 万～9000 万，潜在数量约 200 家。
- 尾部互联网客户：月度活跃用户数量在 100 万～900 万，潜在数量约 760 家。

接着可以按照这种分层方式进行客户调研的采样。经过采样分析不难得出，在 1000 家客户中，80% 的客户存在营销推荐相关的场景，比如商品推荐、新闻推荐、图文信息推荐、用户推荐等，大部分的 App 都覆盖推荐场景，而语音、图像、NLP 相关的应用出现的比例在 30% 左右，一般都是和语音或者图片搜索相关的应用。

经过以上的客户分层分析，我们大体把客户分成了3层，分别是头部互联网公司、腰部互联网公司和尾部互联网公司。这些公司大部分是有推荐营销相关的人工智能技术业务。每一层的客户是否会有数据孤岛问题而造成的苦恼？究竟是如何实现推荐相关的业务？可以在做完客户分层调研后，基于每一层的客户做拜访，然后形成Persona画像。

7.2.3　客户Persona画像

根据"The Voice of the Customer"中介绍的理论，在客户采样调查环节挑选12家进行调查是ROI（投入产出比）最高的方式。于是可以基于客户分层的结果，在头部互联网客户、腰部互联网客户、尾部互联网客户中各选取4家进行拜访，跟这些客户沟通他们日常的业务中是否涉及数据孤岛问题。基于沟通结果可以为3个层次的客户分别构建一个Persona画像。

注：以下内容纯属虚构，只是为了方便大家理解客户画像。

（1）头部互联网公司

客户名为××，目前有3亿以上的月度活跃用户。公司的业务处于行业内的龙头地位，已经完成上市，股价平稳上升。目前公司营收以广告收入为主，所以会涉及大量的数据营销相关的需求，其他AI相关的应用（如图片识别、语音识别等）主要是为了优化客户体验，公司最关心的还是广告营收如何提升。

公司目前的算法团队已经比较强大，有上千人，并且建立了一套完善的推荐业务体系，使用的都是业内领先的算法，从技术角度基本满足了业务需求。在数据层面，因为公司已经有大量的用户，基本覆盖了80%的城镇网民，数据维度相对饱满，不太需要额外的数据补充。

对于这种类型的公司，如果是考虑向其推广ToB的商业化产品，这类公司更多的是想试用一些IaaS层的产品，关心能否降低运营成本。至于推荐算法和数据服务，此类公司暂时没有特别大的需求，因为客户有足够的能力去自建。

（2）腰部互联网公司

客户名为×××，是一款交友类软件，目前有1000万的月度活跃用户。在社交领域的排名中远远落后于微信、陌陌等App，但是在细分的00后交友领域处于头部位置。客户目前发展迅速，正在大力扩张业务来争取D轮的融资。客户因为业务发展，需要大量弹性资源，所以整套服务都在云上，每年的IT消费已经达到接近1亿元的规模。

客户使用了一些人工智能服务，最核心的是好友推荐业务。因为客户的营收基本上依赖会员充值，为每个用户提供准确的好友匹配，是客户产品的核心诉求。但是因为业务发展迅速，客户在推荐业务上的沉淀较少。客户目前有300名工程师，但是负责推荐算法相关的团队只有8个人。当前搭建的好友匹配服务主要是基于开源的一些简单算法实现的，效果一般。另外因为业务发展迅速，每天有许多新用户产生，但是因为数据的缺失，导致没办法对新客户做精准推荐。而针对老客户的推荐方面，因为平台的数据维度较为单一，只能获取性别、年龄、城市等基础数据，没有更多维度的用户画像数据，所以需要更多维度的数据作补充从而丰富用户画像，提升推荐的准确性。

客户因为其业务全部部署在云上，所以对ToB的云端产品态度较为开放。另外，客户已经有一个小型的算法团队，如果有PaaS级的产品能帮助客户丰富数据并且提升推荐准确率，客户是愿意付费使用这种PaaS级产品的。

（3）尾部互联网公司

客户名称为×××，目前月度活跃用户在200万左右，处于某细分电商领域的第3名。客户刚完成了B轮融资，目前业务处于瓶颈期，能否在细分领域做到前两名是拿到下一轮融资的关键。现在整个公司一共有100人，其中工程师有60人，负责算法相关的只有数据部门的2个人，并且除了算法相关的工作还有其他工作要负责。

客户目前的主要精力在新业务的开发上面，在人工智能领域的尝试还较少。目前客户主要使用推荐算法做一些商品和人的匹配，都是基于最简单的开源算法实现的。在数据层面，客户的自有数据非常有限，而且并没有很完整的画像数据，希望能引进第三方数据增强算法效果。但是，因为业务发展太迅速，客户可能更希望试用一些可快速落地的SaaS级别产品，并且不排斥使用云端ToB产品。

基于以上的客户Persona分析，可以将不同层级的客户的基本情况绘制出来，如表7-2所示。

表 7-2　各梯队的客户基本情况

客户层级	公司业务规模	团队情况	数据情况	对ToB产品的态度
头部互联网客户：××	已经上市，有3亿的月度活跃用户，领域内的绝对龙头企业	有上千人的算法团队，可以自建业内领先的人工智能应用	客户数据多而全，基本可以满足自身业务需要	对建模和数据层产品相对比较排斥，基本决定自建PaaS及SaaS平台
腰部互联网客户：×××	处于C轮阶段，有1000万的月度活跃用户，垂直领域的头部企业	算法团队有8人，可以基于开源算法搭建基础的推荐相关的应用	客户在数据层面遇到两个困难：1. 新用户的冷启动问题，因为没有第三方数据作补充很难对新客户做推荐 2. 针对已有客户，因为目前能拿到的用户的画像数据维度并不充分，所以推荐准确率受到影响	拥抱PaaS层的ToB产品，希望通过解决数据孤岛问题提升整个推荐服务的准确率
尾部互联网客户：×××	完成了B轮融资，有200万月度活跃用户，某电商垂直领域的第3名	2名兼职算法工程师，可以使用最简单的算法处理业务	数据不足，但是因为整体推荐框架都没有完整的搭建，所以数据问题显得没有那么明显	比较喜欢能快速落地并见效的SaaS产品，因为业务发展迅速，没有太多时间在算法层面试错

7.2.4　市场分析

在市场分析中，主要是先从宏观PEST角度了解解决数据孤岛问题在政策、市场规模、社会大众对产品态度、技术能力这4个层面的要求，另外通过"集中度"和"渗透率"两个因素分析这个市场是否可以切入。接着再从市场产业链分析，切入这个市场需要产品上下游具备哪些条件。

7.2.4.1　PEST分析

PEST分析指的是通过政策、技术、市场规模、大众对产品的看法几个方面分析产品的可行性。

1. 政策层面

因为解决数据孤岛问题无外乎有两种方式，一种方式是做一个PaaS平台，然后建立企业间数据共享机制；另一种方式也是构建 PaaS 平台，但是要通过技术手段建立模型训练过程的中间数据的共享，这种方式不涉及直接的数据交换，只是将建模过程中的中间结果作为交换，可以实现联合建模的效果。

根据客户需求分析的调研结果，目前有需求解决数据孤岛问题的客户通常是互联网领域的腰部和尾部客户，具体业务场景是推荐营销相关场景。而这部分的客户需求分为两种，一种是样本的补充需求，比如一个新用户进来，需要他的相关特征数据用来做推荐服务，如表 7-3 所示，假如 ID 为 46764 的用户是一名新用户，能否有办法获取他的性别、年龄、区域相关的数据。

表 7-3 新用户的特征数据

用户ID	性别	年龄	区域
42152	男	23	北京
35253	女	45	上海
46764	?	?	?

另一种是特征维度补充，比如现在的用户画像的维度比较少，希望可以拓展更多维度的用户画像，如表 7-4 所示，每个客户都有性别、年龄、区域这 3 个维度特征，但是在建模的过程中希望可以获取更多的特征，比如每个用户的收入、学历等。

表 7-4 更多的特征数据

用户ID	性别	年龄	区域	?	?
42152	男	23	北京	?	?
35253	女	45	上海	?	?

确定了解决数据孤岛问题的两个途径之后，接下来了解每个途径在政策上是否存在风险。如果通过直接分享数据的方式解决数据孤岛问题是有法律风险的，因为《网络安全法》明确规定了"互联网企业需要对其收集的用户信息严格保密，并建立健全的用户信息保护制度"。《刑法修正案（九）》对网络服务提供者的个人信息泄露情形提出量刑标准，指出"网络服务提供者不履行信息网络安全管理义务，致使用户信息泄露，造成严重后果的，处三年以下有期

徒刑、拘役或者管制，并处或者单处罚金。"所以如果是通过直接共享用户数据解决数据孤岛问题，基本上是行不通的。解决问题的唯一手段就是能否通过技术实现模型训练的中间结果的共享，因为模型训练的过程实质上是利用梯度不断更新模型权重的过程。如果有某种技术可以实现不同数据集间的梯度共享（梯度作为中间结果，不涉及数据隐私问题），实质上可以实现数据层面不交换，但是模型又利用了数据提供方彼此的数据。

2. 技术能力层面

政策分析帮助产品经理确定了产品的边界，也就是不能直接用分享数据的方式去解决数据孤岛问题，只能通过分享建模的中间过程实现模型层面的数据共享。那么究竟技术上能否实现这样的假设呢？

联邦学习（Federated Learning）是一种新兴的人工智能技术，由谷歌在2016年提出，可以通过共享模型训练的中间数据实现模型的联合训练。目标就是保护各方的数据隐私，能让各方的数据共同实现模型训练。具体实现形式如图7-4所示，Corp.A 和 Corp.B 没有直接的数据交换，它们分别基于自己的数据训练 Model A 和 Model B，A 和 B 在训练过程中的中间数据如梯度、Loss 等数据可以交换，从而使 A 和 B 共同完成了最终的 Federated model 的训练。

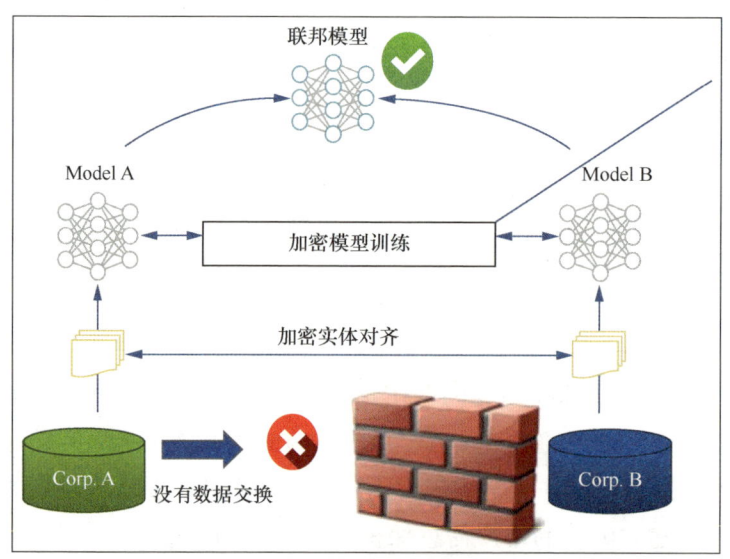

图7-4 联邦学习的实现形式

而联邦学习又分纵向联邦学习和横向联邦学习两种，纵向联邦学习解决的是不同客户数据集同一样本之间的特征分享功能。比如客户 A 的数据包含 UserID 为 123 的用户，有年龄和性别两个特征，如表 7-5 所示。

表7-5 客户A的特征数据

UserID	年龄	性别
123	23	男

客户 B 的数据也有 UserID 是 123 的用户，有收入和手机类型两个特征，如表 7-6 所示。

表7-6 客户B的特征数据

UserID	收入	手机类型
123	10000	iOS

如何让 A 和 B 两家客户的模型同时使用年龄、性别、收入、手机类型这 4 个特征而不直接交换数据，这是纵向联邦学习解决的问题。

另一种联邦学习模式是横向联邦学习，解决的是数据样本的问题。假设公司 A 和 B 做横向联邦学习的合作，那么他们就可以在数据样本层面作补充，比如 A 有 UserID 为 123 的用户的年龄、性别数据，B 有 UserID 为 456 的用户的年龄、性别数据。A 和 B 的数据可以利用横向联邦学习实现共同建模。

通过以上分析，基本可以论证通过联邦学习的技术手段是可以解决数据孤岛问题的。

3. 市场规模层面

在客户需求阶段，已经基本确定了解决数据孤岛问题的目标客户是消费互联网行业的腰部和尾部客户，接下来就分析这部分客户所带来的市场规模。首先月度活跃用户数量在 900 万到 9000 万之间的潜在腰部互联网客户有 200 家，月度活跃用户数量在 100 万到 900 万之间的潜在尾部互联网公司有 760 家。根据前面的用户需求分析，腰部互联网公司对于解决数据问题的需求强迫程度会大于尾部互联网公司，所以假设有 80% 的腰部互联网公司会对联邦机器学习平台感兴趣，50% 的尾部互联网公司对联邦机器学习平台感兴趣，则最终市场存量的腰部互联网公司在 160 家左右，尾部互联网公司数量在 380 家左右。

通常腰部互联网公司每年的 IT 消费在 500 万～1500 万元之间，尾部互联网公司的 IT 消费在 100 万～ 500 万元。其中用于营销模型训练相关的 IT 费用占总消耗的比例不高，通常在 5% 左右。于是就可以大致推算出市场规模，如表 7-7 所示。

表7-7 市场规模

客户类型	公司数量	有联邦学习需求客户数量	年IT消耗（元）	在联邦学习平台建模的预计规模
腰部互联网公司	200	200×80%=160	500万～1500万，年消耗中位数约1000万	160×1000万×5%=8000万
尾部互联网公司	760	760×50%=380	100万～500万，年消耗中位数约300万	380×300万×5%=5700万
合计	960	540		1.3亿～1.4亿

所以，整个国内消费互联网市场的潜在规模为 1.3 亿～ 1.4 亿，接下来就要看产品做出来之后可以触达到多少比例的客户。

4．大众对产品的看法

经过以上分析，联邦学习平台触达的客户更多的是消费互联网的客户，因此可以确定联邦学习平台是 ToB 产品，服务于垂直领域的客户，所以在公众社会可能并不会引起大的舆论风险，唯一可能引起舆论风险的是联邦学习是通过技术手段实现数据间的联合建模，要着重强调数据安全，不要让大众觉得自己的数据安全是没有保障的。

7.2.4.2 "集中度"和"渗透率"分析

在 PEST 分析中确定了可行的产品形式，确定了基于联邦学习技术解决数据孤岛问题的方案，并且确定了市场空间。接下来在"集中度"和"渗透率"环节主要分析这个市场的形式是什么样的。

第 3 章通过"集中度"和"渗透率"将市场分成以下 4 个象限（见图 7-5），接下来就来分析联邦机器学习处于哪个象限。

首先来看"集中度"，联邦机器学习平台本质上是一个 PaaS 层的数据交换平台，客户需要将建模过程中的数据全部上传到联邦学习平台，然后依靠联合建模算法去完成最终的模型训练，这就意味着联邦机器学习平台需要依靠云厂商才能落地。另外，联邦学习分为横向联邦学习和纵向联邦学习，纵向联邦学习是通过不同样本的融合实现模型训练，一般需要一个超大数据集，然后将其他数据集与之匹配，补充自己的样本，比较好的模式如图 7-6 所示。

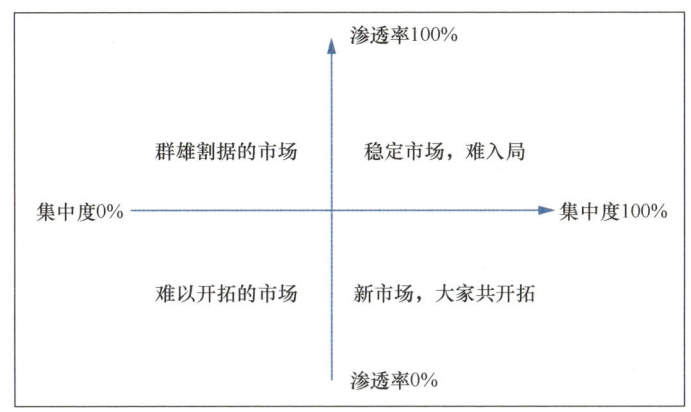

图 7-5　按照"集中度"和"渗透率"划分象限

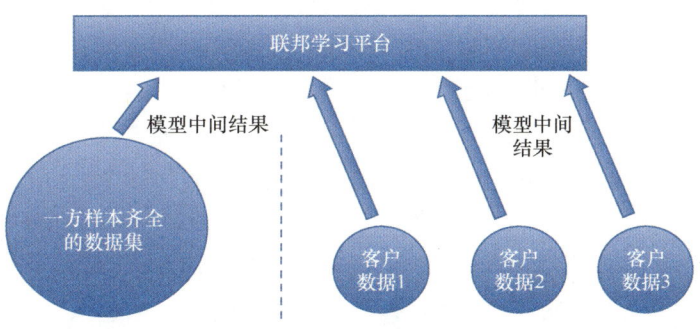

图 7-6　纵向联邦学习的模式

在纵向联邦机器学习场景下，最好具备优质的一方（一方数据指的是平台方提供一个大而全的样本数据集）数据集。因为具备大量一方数据且有云平台的国内公司屈指可数，所以联邦机器学习平台对应的市场一定是集中度很高的市场，玩家数一般不会超过 5 个。

在渗透率方面，目前国内还没有非常成熟的联邦学习商业化产品。即使在商业化建模产品层面，整个消费互联网公司的使用率也只有 10% 左右，目前大部分企业仍选用开源应用自建的模式，所以这个市场是一个渗透率极低的市场。

由此可见，联邦学习平台的目标市场是一个高集中度、低渗透率的市场，属于"新市场"，是值得大力投入的市场，也是易于开拓的市场。

7.2.4.3 产业链分析

产业链分析可以帮助产品经理更清楚地梳理产品在市场中的位置，确定上下游关系可以更方便定位产品设计过程中的产品依赖，而且也能更清晰地制订未来交叉营销等售卖策略。

经过用户需求和前期的市场分析，可以确定联邦机器学习平台是应用于机器学习建模的一环。消费互联网的推荐业务场景基本由以下环节组成，如图 7-7 所示。

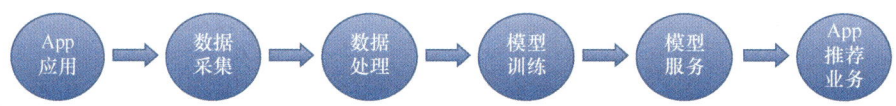

图7-7　消费互联网的推荐业务

构建一套推荐类服务，首先要从 App 端采集用户及内容数据到数据存储平台，然后需要对数据进行清洗和特征构建，接着要训练推荐模型，并且把模型部署成服务，最终把模型应用于 App 推荐业务中。

如图 7-8 所示，模型训练的上下游分别是数据处理、模型服务，在设计联邦学习平台的时候要考虑是否融入数据处理和模型服务相关的功能，做好上下游的串接。

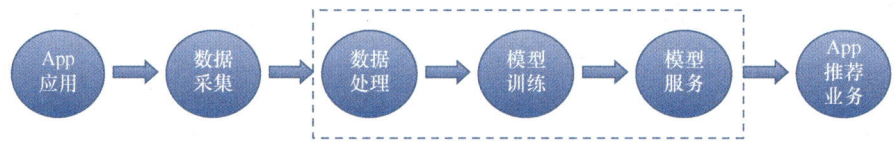

图7-8　模型中的上下游关系

结合上下游关联也可以比较清晰地获取到未来产品交叉营销的可能性，联邦学习平台可以跟数仓类产品或者模型服务类产品进行交叉营销，共同构建解决方案。因为使用联邦学习平台的客户一定也具备一个云上数仓。

7.2.5　市场洞察总结

在市场洞察环节，分别从客户需求分析和市场分析两方面对解决数据孤岛问题的可能性以及市场效果进行了分析，最终得出可以通过构建联邦学习平台的方式去解决问题。因为目前市场上没有成熟的产品化的联邦学习平台，没有能构成直接竞品的产品，所以没有进行竞品方面的分析。

在客户需求侧，首先以解决数据孤岛这个问题为出发点对客户进行了采样调查。先确定了消费互联网、金融、媒体这3个行业存在数据孤岛问题这样的痛点。然后经过深入分析，得出消费互联网行业从强度、密度、广度、长度这4个方面都满足响应的条件，于是将目标客户群定位在消费互联网行业。

从客户分层的角度，将Top1000的消费互联网行业客户按照月度活跃用户数量分为头部客户、腰部客户和尾部客户。并且分析了各层客户的情况，最终得出月度活跃用户数量在900万到9000万之间的200家客户是重点，月度活跃用户数量在100万到900万之间的760家客户为潜在客户，然后对腰部客户和尾部客户都进行了Persona的画像说明。

在市场分析的角度，首先通过PEST分析工具从政策、市场规模、技术能力、大众认知4个方面进行分析。政策分析的结论是无法通过数据交换方式解决数据孤岛问题，要通过模型训练中间结果交换的方式解决问题。市场规模分析的结论是国内联邦学习在消费互联网领域的市场规模在1.4亿左右。技术方面可以通过联邦学习技术去解决数据孤岛问题。通过分析集中度和渗透率确定了市场类型，确定联邦学习是一个集中度高、渗透率低的新市场。通过产业链分析得出了联邦学习平台的上下游产品，确定了产品边界和未来交叉营销的产品组合方案。

最终的市场洞察结果可以通过表7-8呈现出来。

表7-8　最终的市场洞察结果

解决的问题	数据孤岛问题，通过商业化产品解决客户在人工智能建模过程中数据样本不足或者特征不足的问题
目标客户	消费互联网行业的腰部客户和尾部客户
解决方法	通过联邦学习平台解决数据孤岛问题
客户画像	腰部客户：月度活跃用户数量在900万到9000万之间，互联网垂直领域头部企业，具备5人以上的算法团队，可以构建完整的推荐营销平台，需要更多数据提升效果。 尾部客户：月度活跃用户数量在100万到900万之间，互联网垂直领域前3名之后的客户。没有完善的算法团队，可以构建最简单的推荐服务，未来可能会需要数据去增进推荐业务效果
客户规模及客单价	腰部客户：有200家左右，客单价为50万元 尾部客户：有760家左右，客单价为15万元

续表

市场规模	1.3亿～1.4亿
市场竞争情况	未来会是一个集中度高、渗透率低的新市场，是进入市场的好时机
竞品情况	云端联邦学习平台因为技术门槛较高和业务模式复杂、强烈依赖一方高质量数据，注定只有头部云厂商才可以实现，目前业内缺乏成熟的商业化产品
产业链分析	联邦学习平台用于数据处理和模型服务之间的环节，可以跟数仓产品和模型服务产品做交叉营销

7.3 联邦学习产品规划

经过了市场洞察之后到了产品规划阶段，在这一阶段要明确产品的定义、产品上线后的目标、参与的团队、业务流程和产品架构、具体实施上线的计划。市场洞察主要是辅助产品经理确定市场空间大小，确定好团队的开发资源。在产品规划阶段就是要向内部团队输出明确的该产品要做的事情，具体要求各个团队如何配合。接下来仍以联邦学习平台为例，介绍如何实现产品规划。

7.3.1 产品定义

产品定义阶段是为整个产品的方向设立基调，分别针对 User 和 Buyer 对应的 Who、What、How 进行阐述。Who 指的是产品的服务对象是谁，What 指的是产品提供的服务是什么，How 指的是如何提供这样的服务。根据前期的调查和分析可以列出表 7-9。

表 7-9 调研结果

	人员	Who	What	How
联邦学习平台	用户（User）	消费互联网公司的算法工程师	丰富的建模数据样本或者特征	通过联邦学习平台提供
	客户（Buyer）	消费互联网公司的CTO或者算法团队负责人	提升推荐效果的有效途径	通过联邦学习平台提供

通过表 7-9 就可以较为清晰地描述产品的服务对象是谁以及提供的服务究竟是什么。

7.3.2 产品目标

产品目标指的是产品上线后究竟要达到什么效果。产品目标的设置要遵循 SMART 原则，SMART 指的是产品目标的明确性（Specific）、衡量性（Measurable）、可实现性（Attainable）、相关性（Relevant）、时限性（Time-bound）。

对于联邦学习平台来说，核心功能是通过提供更丰富的数据样本或特征提升模型的准确性。模型训练是整个推荐方案的核心环节，整个机器学习流程如图 7-9 所示，机器学习模型训练相比于常规数仓的数据处理是相对比较消耗资源的，消耗资源多在某种意义上意味着消费高。

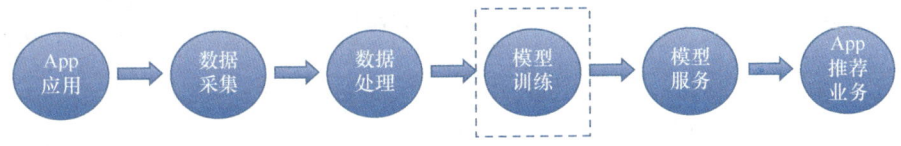

图 7-9　机器学习流程

对于联邦学习这样的平台，比较合适的指标是收入和客户量，这两个目标也是 PaaS 级别商业化产品比较常用的指标。因为本书介绍的联邦学习平台是新立项开发的产品，前期可以将收入和客户量作为目标，并且按照季度设置一个阶梯式的目标。因为随着时间的增长，市场对于产品的接受度会越来越高，产品也会逐渐完善和补充自身的功能，所以收入和客户数也会出现阶跃式的提升。当产品的营收达到一定程度的时候，又会进入平缓期甚至是衰退期，因为市场空间就那么大，初期一般会把最容易收割的客户先收割一波，到中期会出现一定程度上的增长平缓，到产品生命周期的末期会出现增长的衰退。所以针对产品所在的不同生命周期状态，要设立不同的目标。本章提到的联邦学习平台显然是行业内的新品，处于市场快速扩张的阶段，可以设立一个阶跃性增长的目标。如表 7-10 所示，在产品上线的第一年可以设置以下的目标（目标数值仅为举例说明，不具备真实意义）。

第 7 章 案例实践——从零规划联邦建模平台

表7-10 产品上线第一年的目标

时间维度	收入（万元）	客户数
第一季度	200	5
第二季度	400	10
第三季度	800	20
第四季度	1000	25

7.3.3 梳理参与者权责

一个完整的商业化 ToB 产品从规划到开发再到最终上线，一定离不开以下角色：产品经理、交互设计师、开发人员、测试人员、运营人员、销售人员、售前工程师、售后工程师。联邦学习平台也不例外，根据第 5 章的介绍，各个角色的定位如表 7-11 所示。

表7-11 团队角色划分

角色	调研和产品立项	产品功能评审	产品开发中	产品上线阶段	售前阶段	售后阶段
产品经理	市场调研并输出 MRD	准备 PRD		产品功能验收	输出市场销售白皮书，指导销售	支持客户问题，准备功能迭代
开发团队		输出技术架构方案	投入开发			
测试团队		输出测试方案		产品功能验收		
设计团队		输出交互方案		产品交互还原		
运营团队		准备产品推广策略		向全量客户推广产品		
售前支持			学习产品的具体功能		为客户输出产品落地的解决方案	
售后支持			学习产品的具体功能			处理客户问题
销售团队				沟通潜在客户		

在具体实施过程中，需要指明各个角色的合作团队，并且做到让各个合作团队目标一致。

7.3.4 产品业务流程及架构

梳理参与者权责的过程实际上就是创建一个虚拟团队，大家目标一致，共同为了让联邦学习平台落地而投入资源。业务流程和架构的梳理是帮助整个团队清楚地认识产品需要有哪些模块，用户使用起来的大体链路是怎样的。这方面的信息可以方便研发团队做早期的资源预估，也可以方便运营和销售等业务团队提前锁定潜在客户群。

整个联邦学习平台的业务流程架构如图 7-10 所示。其中菱形模块表示客户的行为，矩形模块表示的是产品功能模块，圆形模块表示的是产品功能模块的产出。通过业务流程图的分析，我们可以得到客户使用联邦学习平台需要经历 5 个步骤，分别是购买行为、模式选择、字段匹配、算法配置、模型部署。

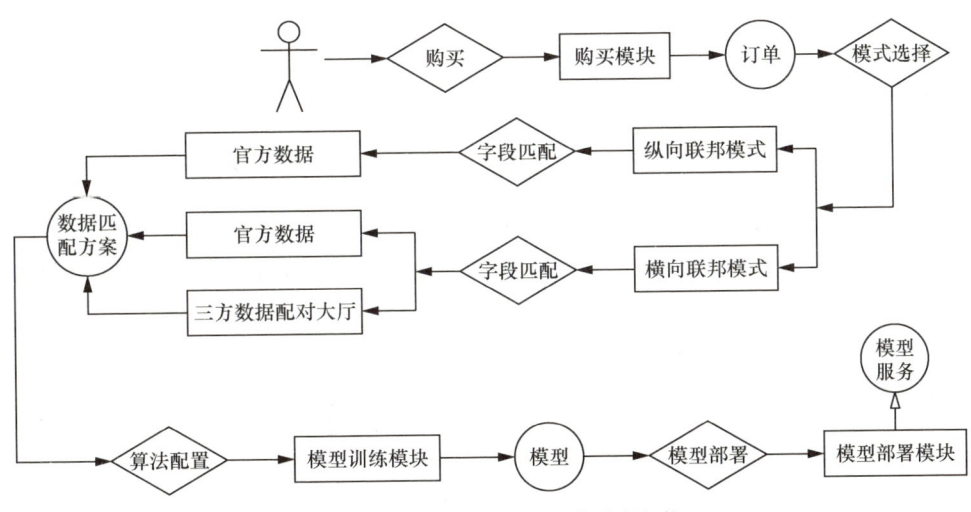

图 7-10　联邦学习平台的业务流程架构

（1）购买行为

购买行为指的是客户进入平台按照某种方式购买资源并且生成订单，这种购买行为意味着产品经理要在产品设计环节根据产品的整体商业模式进行购买页的设计，列出具体有哪些可购买项，是售卖模型训练资源还是数据共享样本数。还要给出可支持的购买行为，支持预付费还是按量付费或者采取其他的售卖模式。

在产品功能层面需要支持不同类型的购买行为，并且可以产生订单，让客户可以清楚地跟踪产品使用过程中的各种费用消耗。

（2）模式选择

在联邦学习的 PEST 分析的技术能力分析模块详细地介绍过纵向联邦学习和横向联邦学习的技术模型。纵向联邦学习和横向联邦学习解决的是完全不同的问题，纵向联邦学习主要解决的是客户数据缺少特征维度的问题，做纵向联邦功能需要平台具备一方样本多、特征全的数据集。横向联邦学习解决的是客户样本数不足的问题，客户可以选择跟其他三方的客户合作，彼此补充训练数据样本，也可以跟平台的一方数据做样本补充。

所以在产品功能层面，一定要让客户首先选择联邦学习的模式，作为客户最前置的产品功能模块，因为不同的联邦学习模式会对后续的字段配置有不同的影响。

（3）字段匹配

字段匹配环节解决的是用户数据配置的问题，因为联邦学习本质上是把建模过程中的模型中间介质共享，共享的内容需要包含哪些字段，是跟哪份数据之间做共享，这些都需要做字段相关的配置。在这个环节，产品方通常会提供一个包含全面特征和样本的一方数据供客户匹配。另外，客户也可以选择通过一个平台撮合客户间的数据共享。字段匹配环节最终产出的是数据字段配置的方案，这个方案会供下游的模型训练使用。

（4）算法配置

算法配置模块面向的是客户模型创建相关的配置，可以做算法种类的选择、算法参数的选择和计算资源的选择。联邦学习平台跟单纯的模型训练平台的本质区别就是可以通过数据共享机制提升模型效果，所以在这个环境需要有看板让客户清晰地认识到使用了联邦学习机制对模型效果的提升。

（5）模型部署

在模型部署阶段，可以将客户经过联邦学习训练生成的模型部署成一个在线预测服务，通常是通过 Restful API 的形式对外提供服务。用户可以通过调用 API 的方式使用联邦学习平台训练生成的模型。

根据以上流程，结合联邦学习建模各个模块的基本元素，也可以绘制出各功能模块的上下游依赖关系，如图 7-11 所示。

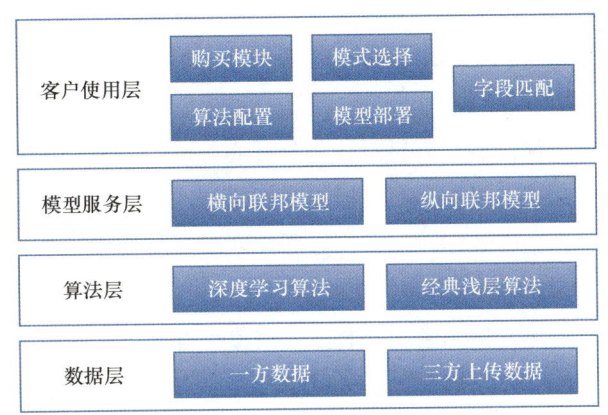

图 7-11　功能模块的上下游关系

功能模块最底层是数据层，包含产品提供的一方数据以及其他客户上传的三方数据。在算法层提供深度学习算法和经典的浅层算法供选择。在模型服务层需要用户选择联合建模的模式，有横向联邦模型和纵向联邦模型两种模式，分别解决不同的数据问题。在客户使用层，需要提供 5 个具体功能，分别是购买模块、模式选择、字段匹配、算法配置和模型部署。其中客户使用层是客户在产品层可以直接操作并使用的模块，其他各层是产品的底层技术支撑框架。

7.3.5　具体实施计划

经过前面几节的规划，已经确定联邦学习平台的产品模块有哪些、具体合作的团队有哪些、期望达到的目标是什么。接下来就是设立具体的实施计划，实施计划其实是分两条主线并行去做的。一条主线是开发计划，在开发计划中需要对联邦学习平台的各模块的子需求按照优先级去拆解，然后确定哪些功能是必须完成的，哪些功能是在有余力的情况下再做的。另一条主线是设定市场营销（Go To Market）的方案，提前准备好运营和销售赋能的材料。Go To Market 的内容后面会单独讲，本节重点关注开发计划的设定。

因为在产品规划环节并不会产出详细的产品 PRD，只是把一些大的功能模块先拆分出来，所以开发团队并没有办法准确地预估开发时间，更多的是一个大体的资源估计，没办法做到精准。

在业务流程及架构设计中，已经将联邦机器学习平台按照用户行为划分为购买模块、模式选择、字段匹配、算法配置、模型部署这 5 个模块。每个模块可以拆分出一些子需求。

- 购买模块：预付费、后付费、公测开通。
- 模式选择：纵向联邦学习、横向联邦学习。
- 字段匹配：一方数据匹配、三方数据匹配。
- 算法配置：DeepFM、LR、FM 等。
- 模型部署：深度学习模型部署、浅层模型部署。

可以先将这些子需求按照优先级顺序排序。

（1）购买模块

新产品上线后，完全可以先没有购买行为，因为新产品一般需要有一个公测期，在公测期只要支持用户开通即可。即使做购买模块，也可以将预付费、后付费这种不同的购买行为分开做，比如先做后付费再做预付费。

（2）模式选择

纵向联邦学习和横向联邦学习两种模式也可以区分优先级，横向联邦学习主要是通过增加模型训练样本提升模型的准确性，但是腰尾部客户的特征维度有限，单纯靠增加训练样本，对提升模型准确性帮助不大。而纵向联邦学习的模式比较适合做联邦学习平台产品的冷启动，因为纵向联邦学习可以补充客户数据的特征维度，更多的是拓展模型空间，可以快速帮客户提升效果。

（3）字段匹配

在产品建设初期，因为产品成熟度和知名度都不高，很难获取大量的生态伙伴贡献的三方数据。所以在字段匹配模块可以优先做一方数据的匹配，然后再做三方数据匹配。

（4）算法配置

推荐营销领域的模型有很多，比如 DeepFM、LR、SVM、RandomForest、FM 等。这些算法在联邦学习平台上需要逐个开发，初期可以选择一些业内常用的算法先开发，比如 DeepFM 和 LR，其他算法后续再提供支持。

（5）模型部署

模型部署模块功能的优先级需要跟"算法配置"环节使用的模型框架匹配，比如算法配置环节输出 DeepFM 和 LR，分别是基于深度学习框架和浅层算法框架实现的，那么模型部署环节就需要两种框架的模型都支持。

所以最终的优先级清单如表 7-12 所示。

表 7-12 需求的优先级设定

模块	需求	优先级
购买模块	开通	高
	后付费模式	中
	预付费模式	低
模式选择	纵向联邦学习	高
	横向联邦学习	中
字段匹配	一方数据匹配	高
	三方数据匹配	低
算法配置	DeepFM	高
	LR	高
	FM	中
	RandomForest	低
	SVM	低
	GBDT	低
模型部署	深度学习模型部署	高
	浅层模型部署	高

开发团队可以根据表 7-12 的优先级去确认开发资源的分配情况。

7.3.6 联邦学习平台产品规划总结

产品规划的目的是让联邦学习平台在产品生产团队内部立项的时候可以统一思想，确定大家要做什么事，未来怎么合作。在产品定义阶段确定了联邦学习平台解决的是数据孤岛问题，并且确定了解决问题的方式。在产品目标设定上，确定了联邦机器学习平台上线后的客户数、营收等目标之后，需要跟所有的前方业务人员和后端开发人员达成一致，实现利益捆绑。在梳理参与者权责环节，需要找到可以共建联邦学习平台的开发人员、设计师、测试人员，也要跟前方的售前工程师、售后工程师、销售人员等角色沟通。以上流程全部走完，就完成了目标的设定和虚拟合作团队的建设。

接着在产品业务流程及架构规划环节确定了产品的用户使用链路和核心模块。将每个环节的具体需求做拆解，然后在具体实施计划中，根据每个需求的优先级分配开发资源，最终大家可以设定一个大概的开发完成时间点。这样整个平台产品规划的工作就做好了。

7.4 联邦学习产品设计

接下来介绍联邦学习平台的设计思路，分为售卖模式设计、权限体系设计、SLA 设计和功能模块设计。

7.4.1 售卖模式

售卖模式是产品设计中最重要的一环，好的售卖模式除了可以让客户清楚地意识到自己的消费是明确可控的，还能让客户愿意为产品的服务买单。不好的售卖模式会让客户产生困惑，不明白自己的消费究竟跟产品服务如何挂钩。想要设计好的售卖模式，首先要先分析客户在使用产品的过程中究竟享受到哪些服务。

联邦学习产品在整个周期为客户提供的服务大致分为 3 个方面。

① 数据层面的服务：通过联合建模的手段让客户之间或者客户和一方数据间可以形成数据交换，数据交换可以按照数据样本量的消耗进行收费。

② 模型训练的服务：模型训练在资源层面消耗的是底层的计算资源，按照消耗资源的多少计费是用户很好理解的一种计费模式，也是 ToB 商业化产品比较通用的一种计费模式。

③ 模型部署服务：将模型部署成一个 API 服务，一般 API 服务可以有两

种售卖形式，一种是按照 API 的调用次数计费，另一种是按照 API 服务的底层资源消耗付费。

在 3 种计费模块中，客户最容易接受的就是资源的消耗，模型训练造成的底层 CPU 和内存的消耗，是比较直观的资源类型消耗，可以在这种基础的资源费用上加权形成最终的定价。比如使用 1 核 CPU 训练一小时的成本价为 x 元，那么售卖的时候可以把定价定为 $1.2x$ 元，多出来的 $0.2x$ 元就是产品的功能附加价值。

另外 API 服务建议按照调用次数去收费，因为用户可以根据业务去动态调整 API 的使用量，这种计费模式相对比较清晰，产品也容易卖出高溢价。假设 API 按照底层机器的资源占用去收费，那么溢价空间就比较小了，IT 行业的用户都比较清楚每台服务器的价格，如果溢价 2 倍以上，会让客户觉得定价过高。但是如果 API 按照调用次数收费，就屏蔽了客户对底层资源的感知，方便做出高溢价。

数据层面的费用是客户不容易接受的，因为客户更倾向于对效果和资源买单，数据量的增加并没办法确保让模型变得准确，所以数据交易跟效果没办法直接挂钩。而数据跟计算资源是有关系的，数据越多意味着消耗的计算资源越多，所以建议把数据交换作为一个用户抓手，而不作为收费项，通过计算资源的溢价去体现数据交换的价值。

经过上述分析，联邦学习的收费模式就变得清晰了，有两部分费用组成，分别是模型训练的计算资源费用和 API 调用次数费用。如表 7-13 所示，这两种费用可以分别设计成预付费和后付费模式，并且可以根据业务需要增加免费试用等变种的付费模式。

表 7-13　费用模式

模型训练费用	预付费	按照包年/包月的模式购买计算资源的 CPU、内存，在成本基础上增加 x 倍的溢价
	后付费	按照计算实际使用的 CPU、内存量收费，在成本基础上增加 x 倍溢价
API 服务调用费用	预付费	可以设置 5000 次、10000 次、100000 次等不同次数的套餐供客户购买，根据套餐量的从小到大设置阶梯价，买得越多越便宜
	后付费	根据实际的调用次数收费，每次费用 n 元

基于以上的定价模式，可以设计出产品购买页的大致方案，如图7-12所示。

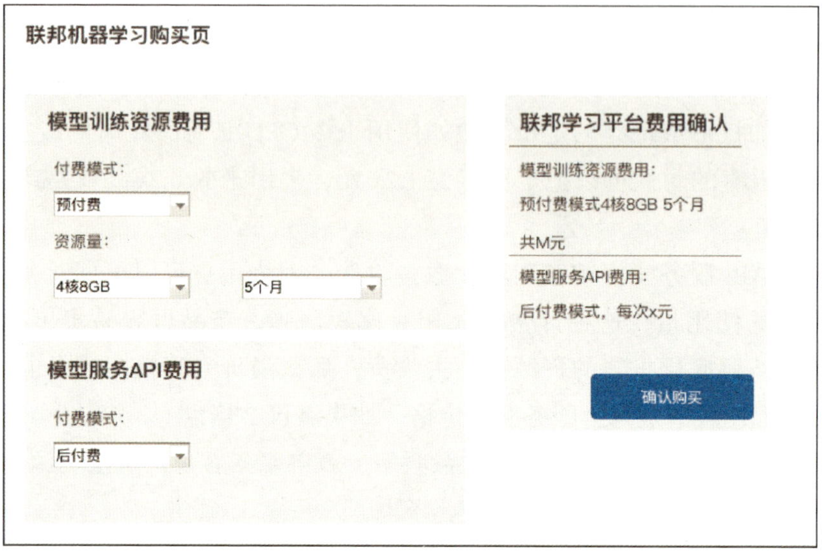

图7-12　产品购买页的大致方案

两种付费项最好在同一页面展示，可以根据产品的商业模式确定每种收费项的默认付费模式是预付费还是后付费，并且允许客户按需更改。如果是预付费模式还需要客户设置购买的资源量。最终在购买页右侧展示客户购买的清单并需要客户确认。

7.4.2　权限体系设计

商业化云端ToB产品一般都需要有一个控制台界面，客户完成了产品的购买之后可以进入控制台界面进行一些实例的创建和管理，权限点的设计一般也是在控制台界面体现，首先来看简单的联邦学习平台的控制台设计，如图7-13所示。

在第5章5.2节介绍的权限点分为商业权限点、数据权限点和功能权限点3种。在联邦学习平台中，商业权限点比较明确，就是指产品的购买和续费之类的功能。对于数据权限点，因为联邦机器学习平台是数据的消费方，并没有任何数据的管理功能，所以不存在数据相关的权限。功能权限点有多种，管控台中出现的任何功能性按钮都可以作为功能权限点，比如是否能创建项目、是否能打开项目、是否能编辑项目、是否能删除项目，还有一个权限点指的是用户能否查看其他用户创建的项目。总结一下，用户权限点可以通过表 7-14 展示。

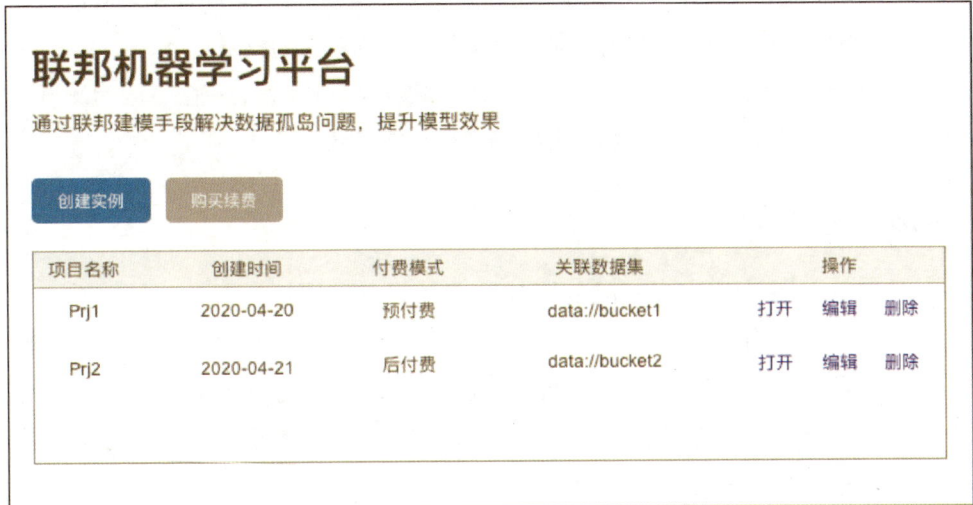

图 7-13　简单的控制台设计

表 7-14　用户权限

权限点种类	权限点名称	权限点说明
商业权限点	购买	是否有权限购买产品
	续费	是否有权限对产品进行续费
功能权限点	创建项目	是否有创建项目的权限
	打开项目	是否有打开项目的权限
	删除项目	是否有删除项目的权限
	编辑项目	是否有编辑项目的权限
	展示所有项目	是否有展示所有项目的权限

接着要基于以上权限点设计不同的用户角色，不同角色有不同的权限点。一般可以将角色分为以下几种：管理员、开发人员、运维人员、测试人员。

- 管理员：一般具备全部权限点，可以把商业权限和功能权限点都赋予管理员。

- 开发人员：开发人员只需要赋予功能权限点就好了，创建项目、打开项目、编辑项目都可以授予，但是展示所有项目和删除项目的权限可以视具体情况决定是否增加。
- 运维人员：对于联邦学习平台，运维的职责主要是资源管控。所以只需要提供展示所有项目的权限以及编辑和删除项目的权限即可。
- 测试人员：只需要打开项目的权限和展示项目列表的权限，因为测试只需要针对一些已经创建好的实例进行功能测试。

7.4.3 SLA设计

在 SLA 设计中要定义产品的服务周期、服务可用性标准和赔付标准。联邦学习平台可能出现服务问题的地方主要在模型训练和模型 API 服务两个部分。所以服务周期可以设定成从购买产品开始，直到把模型部署成 API 服务且这个服务没有下线的这段时间，这样服务周期完整覆盖了模型训练和模型 API 服务这两个模块。

服务可用性标准分模型训练和模型 API 服务两个模块，因为这两个模块是独立定价的，所以赔付标准也要相应地按照模型训练和模型 API 服务作区分。一般模型训练和 API 服务都可以以单个服务的成功率作为评估标准。

以单个服务成功率为评估标准的公式 =［(单位时间内总服务次数 − 单位时间内服务失败次数) / 单位时间内总服务次数］× 100%

基于前面的推导，可以对模型训练和模型 API 服务分别设置表 7-15 这样的赔付标准，具体的赔付标准仅为示例供参考。

表7-15 赔付标准

服务类型	单位时间服务可用性	赔偿金额
模型训练	低于99.9%但等于或高于99%	单位时间服务费用的15%
	低于99%但等于或高于95%	单位时间服务费用的30%
	低于95%	单位时间服务费用的100%
模型API服务	低于99.9%但等于或高于99%	单位时间服务费用的15%
	低于99%但等于或高于95%	单位时间服务费用的30%
	低于95%	单位时间服务费用的100%

7.4.4 产品功能设计

7.4.1 节和 7.4.2 节已经介绍了联邦学习平台的购买页和控制台的设计方案，在本节会重点介绍产品内部功能的设计方案。完整的 PRD 分为修订记录、概述、产品功能详情和其他需求说明这 4 个部分。修订记录是比较标准的规范，第 5 章已经介绍得很清楚了，本节就不再做详细介绍，我们直接从联邦学习平台概述开始。

7.4.4.1 联邦机器学习平台概述

1. 开发目的

目前在公有云市场有大量客户存在数据营销相关的需求，比如大家日常使用的手机软件中的个性化推荐模块。个性化推荐需要基于海量的数据训练模型，训练使用的数据量越多、特征越丰富，模型的准确性越有保证。但是目前行业内大量的用户行为和用户画像数据积累在数十家头部互联网公司的数据库，形成了数据孤岛效应。大量腰尾部互联网公司在实现推荐相关业务的过程中面临着数据样本不足或数据特征维度不足的问题。

联邦学习平台可以有效解决数据孤岛问题，通过建模过程中的中间数据的共享，实现了数据集在不交换数据的前提下完成联合建模。联邦学习平台将服务于腰尾部互联网客户，提供的客户价值如表 7-16 所示，直接触达的国内市场规模在 1.4 亿左右。

表 7-16 联邦机器学习平台客户价值

	人员	Who	What	How
联邦学习平台	用户（User）	消费互联网行业公司的算法工程师	丰富的建模数据样本或者特征	通过联邦学习平台提供
	客户（Buyer）	消费互联网行业公司的 CTO 或者算法团队负责人	提升推荐效果的有效途径	通过联邦学习平台提供

2. 产品信息架构（见图 7-14）

如图 7-14 所示，信息架构图展示了联邦学习的 4 个主要功能模块，因为联邦学习是 PaaS 层的云产品，可以采用面包屑式这种设计模式，所以有一个

第 7 章 案例实践——从零规划联邦建模平台

流程的框架模块负责控制整个流程,另外 3 个模块是字段匹配、模型训练、模型在线 API 服务。

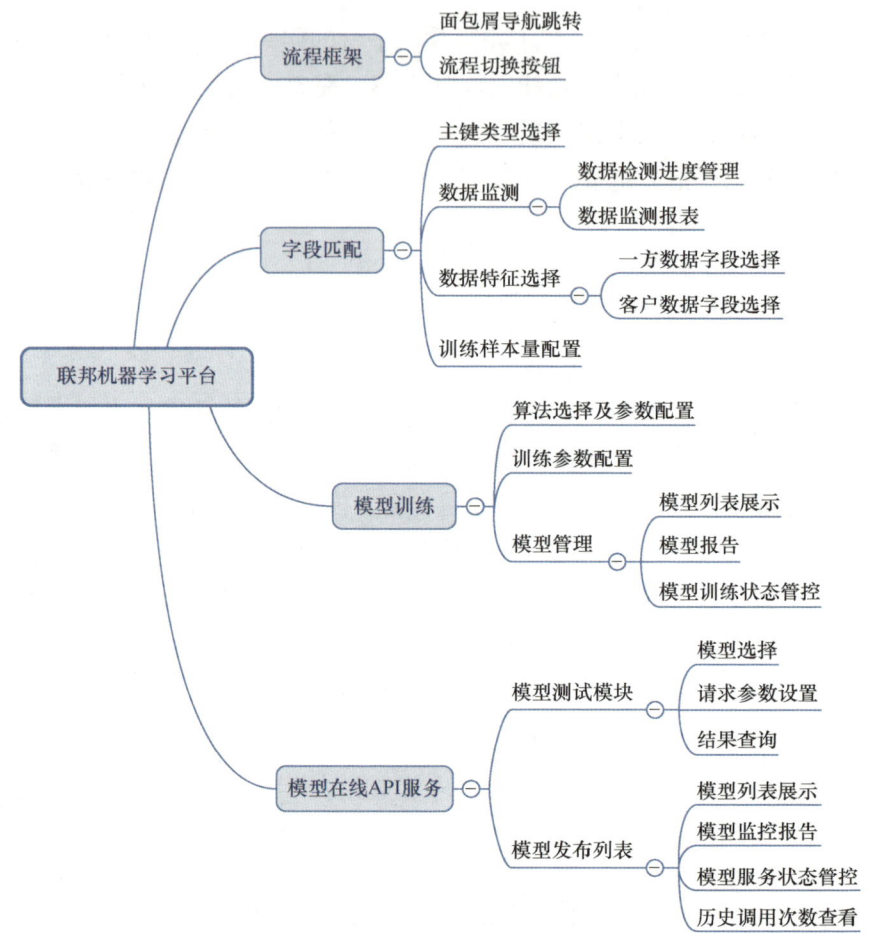

图 7-14 产品信息架构

3. 功能摘要(见表 7-17)

表 7-17 功能摘要

功能模块	主要功能点	功能描述	优先级
流程框架说明	面包屑导航跳转	提供头部面包屑导航功能,方便客户自由切换前后流程	高
	流程切换按钮	通过"下一步"按钮和"上一步"按钮控制前后流程	低

续表

功能模块	主要功能点	功能描述	优先级
字段匹配	主键类型选择	选择不同数据集间匹配的主键	高
	数据监测	检测数据的质量，确定数据匹配程度	高
	数据特征选择	提供一个特征列表，让客户选择特征	高
	训练样本量配置	允许用户选择参与训练的样本量	中
模型训练	算法选择及参数配置	选择算法以及设定参数	高
	训练参数配置	训练相关的参数配置	高
	模型管理	管理运行中和未运行的模型状态	高
模型在线API服务	模型测试模块	提供一个测试当前模型效果的模块	中
	模型发布列表	控制模型的整体发布状态管理	高

7.4.4.2 产品详细功能说明

1. 流程框架说明

（1）概述

流程框架指的是整个产品的面包屑流程的状态，将联邦学习平台按照用户路径分为数据字段匹配、模型训练、模型发布3个步骤。流程框架主要是控制这3个步骤客户的跳转行为约束，如图7-15所示。

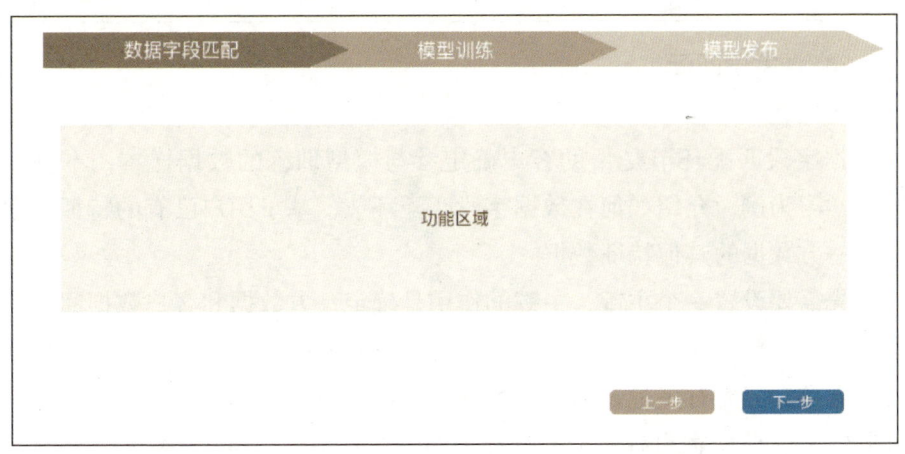

图7-15 流程框架

第 7 章 案例实践——从零规划联邦建模平台

（2）功能模块说明

模块：面包屑导航跳转（见表 7-18）

表 7-18 面包屑导航跳转功能模块说明

功能描述	面包屑导航允许客户点击，需要明确客户在不同状态下的点击行为
优先级	中
功能详情	![面包屑导航跳转说明示意图：数据字段匹配→模型训练→模型发布，功能区域，上一步、下一步按钮] ● 客户初始登录状态：默认进入"数据字段匹配"模块，不可点击"模型训练"和"模型发布" ● 已经有模型的客户登录：默认进入"数据字段匹配模块"，可以自由点击"模型训练"和"模型发布"功能并跳转入相应模块
补充说明	客户进入任意"数据字段匹配""模型训练""模型发布"模块，该模块的导航区需要高亮显示

2. 数据字段匹配

（1）概述

数据字段匹配环节是帮助客户确定参与模型训练的数据样本，本书以纵向联邦学习为例，介绍如何在数据字段匹配环节，基于用户已有的特征数据匹配平台一方数据的其他特征数据。

首先需要设置一个主键，主键的作用是确定一方数据和客户数据通过哪个字段做匹配。接着在数据检测环节，需要生成数据检测报告，显示客户数据和官方一方数据究竟有多少数据是匹配的，比如客户选择了数据的主键是手机号（见图 7-16），假如客户有一个数据样本的手机号是"12340830485"，具有"地区"和"收入"这两个字段，一方数据也有手机号是"12340830485"的样本数据并且具备客户数据不存在的特征，那么就说明这两个数据具备可以交叉的价值。接着就需要客户选择一方数据中可以利用的特征字段，并且设置训练的样本量。

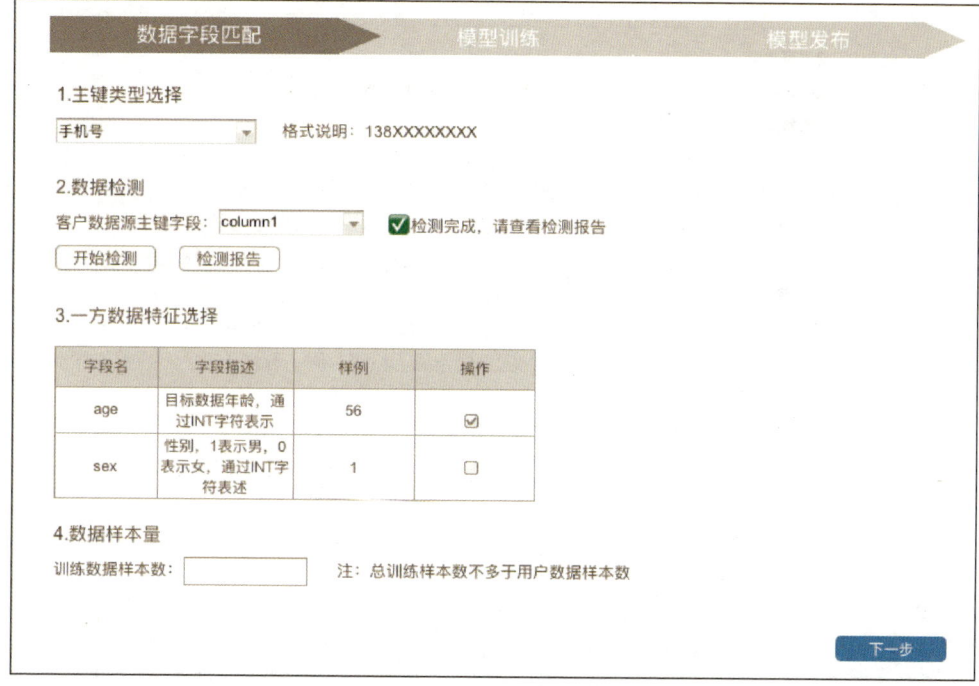

图7-16　以手机号作为主键

（2）功能模块说明

模块一：主键类型选择（见表7-19）。

表7-19　主键类型选择功能说明

功能描述	客户选择在纵向联邦学习中己方数据和平台的一方数据通过哪个字段实现数据的匹配
优先级	高
功能详情	1.主键类型选择 手机号　▼　格式说明：138XXXXXXXX ● 用下拉框展示，有3种候选项：手机号、身份证号、设备号 ● 默认展示手机号 ● 在下拉框右边展示对应逐渐类型的格式说明

模块二：数据检测（见表7-20）。

第 7 章 案例实践——从零规划联邦建模平台

表 7-20　数据检测功能描述

功能描述	数据检测模块可以展示客户数据和平台的一方产品数据的匹配程度。
优先级	高
功能详情	**2.数据检测** 客户数据源主键字段：column1　☑检测完成，请查看检测报告 [开始检测]　[检测报告] • 客户数据源主键字段：展示客户关联数据的全部字段，通过下拉菜单让用户选择 • "开始检测"按钮：按钮高亮，点击后在字段选择下拉框右边显示运行状态，小菊花转动样式。运行成功显示"检测完成，请查看检测报告"，运行失败显示报错原因，再次点击"开始检测"按钮后日志清空 • "检测报告"按钮：初始状态将该按钮置灰表示不可点击，生成报告后高亮显示并且可点击。点击后弹窗展示数据匹配度报告，展示检测时间、数据主键、客户数据样本数以及一方数据匹配率 一方数据匹配率=（一方数据匹配到的数据/客户总样本数）×100% 数据检测报告 检测时间：2020-05-01 数据主键：身份证号 客户数据样本数：100000条 一方数据匹配率：98.5 [关闭]
补充说明	数据检测需要在2分钟内执行完毕，如果2分钟内无法执行完毕，则需要加进度条提示

模块三：一方数据特征选择功能描述（见表 7-21）。

表 7-21　一方数据特征选择功能描述

功能描述	一方数据有特别多的特征可供客户选择，需要一个列表让用户挑选使用的字段
优先级	高
功能详情	**3.一方数据特征选择** | 字段名	字段描述	样例	操作
---	---	---	---
age	目标数据年龄，通过INT字符表示	56	☑
sex	性别，1表示男，0表示女，通过INT字符表述	1	☐	 • 字段名：展示一方数据的全部特征名 • 字段描述：显示这个特征的存储类型以及意义 • 样例：取一条数据存储样例 • 操作：默认不勾选，勾选上的特征会加入到模型训练中
补充说明	因为字段数量较多，需要做滑动窗功能

模块四：训练样本量设置（见表7-22）。

表7-22　训练样本量设置功能描述

功能描述	让用户自己设置参与训练的样本数量，因为并不是所有的样本都需要进行训练
优先级	中
功能详情	4.数据样本量 训练数据样本数：[ ]　　注：总训练样本数不多于用户数据样本数 ● 数据样本量：用户设置训练数据样本数为整数，并且不能大于用户数据样本的总样本量。当用户设置的样本量大于总样本量或者非正整数，文本框变红并报错，显示错误日志

模块五："下一步"按钮（见表7-23）。

表7-23　"下一步"按钮功能描述

功能描述	说明"下一步"按钮的行为状态
优先级	中
功能详情	[下一步] ● 状态说明：默认为灰，不可点击，当"主键类型选择""数据检测""一方数据特征选择""训练数据样本数"全部填写的时候，"下一步"按钮高亮可点击，点击后进入下一流程

3. 模型训练说明

（1）概述

模型训练主要包含两部分，一部分是模型训练的参数配置，另一部分是生成的模型管理。在参数配置中允许客户基于不同算法实现算法参数和计算资源的选择，并且需要指定训练过程中的目标列和训练集、测试集的拆分比例。在模型管理模块，允许用户实时检测模型的状态，删除模型或者将模型加入到模型发布列表，如图7-17所示。

（2）功能模块说明

模块一：算法选择及参数配置（见表7-24）。

第 7 章 案例实践——从零规划联邦建模平台

图 7-17 模型管理模块的设计

表 7-24 算法选择及参数配置功能描述

功能描述	每种机器学习算法都有特定的参数列表，需要客户基于参数列表自行设计每一个算法参数
优先级	高
功能详情	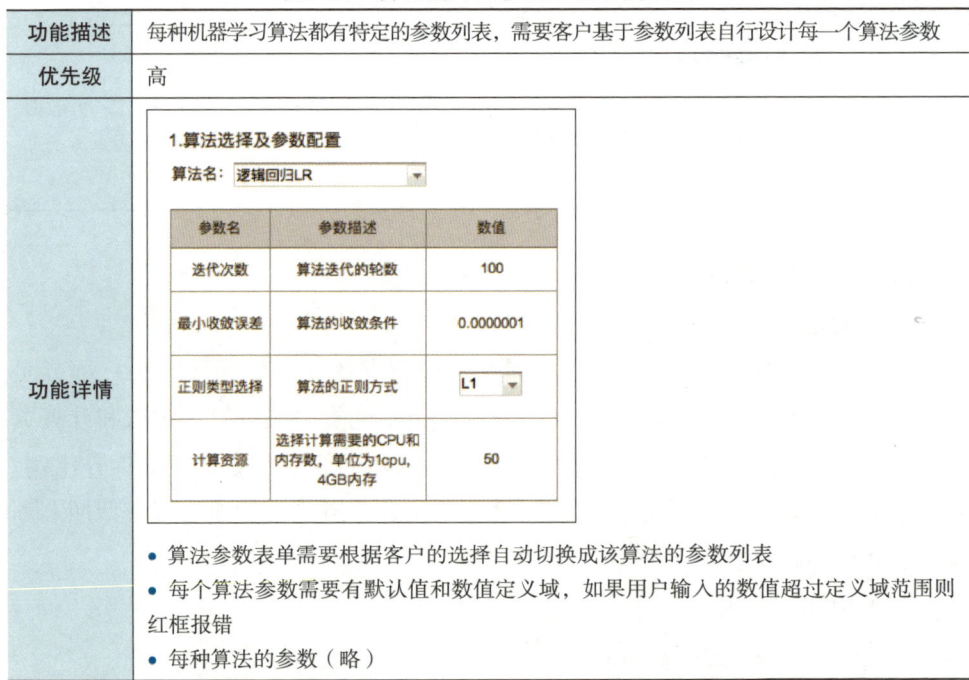 • 算法参数表单需要根据客户的选择自动切换成该算法的参数列表 • 每个算法参数需要有默认值和数值定义域，如果用户输入的数值超过定义域范围则红框报错 • 每种算法的参数（略）

模块二:"开始训练"按钮行为(见表7-25)。

表 7-25 "开始训练"按钮功能描述

功能描述	点击"开始训练"按钮,需要弹窗让用户进行训练相关的参数配置
优先级	高
功能详情	**模型训练配置** 算法名: 逻辑回归 参数列表: 1.迭代次数: 200 　　　　　2.最小收敛误: 0.000001 　　　　　3.正则方式: L1 　　　　　4.计算资源: 10CPU,40GB内存 模型名称: [长度为3-27个字符,只能包含字母、下划线和数字] 目标列: column1 ▼ 训练集和测试集拆分比例: [0到1的小数, 0.8代表8:2的比例] [确定] [关闭] ● 算法名和参数列表按照算法参数配置的结果展示 ● 模型名称:需要符合"长度为3~27个字符,只能包含字母、下划线和数字"的要求 ● 目标列:下拉展示客户全部字段,需要用户选择列表 ● 训练集和测试集拆分比例:展示客户数据的拆分比,0.8代表有80%的数据用来训练,20%的数据用来评估,拆分按照随机不放回采样的形式处理 ● "确定"按钮:点击后下方出现该模型样本,运行状态为"训练中"

模块三:模型管理(见表7-26)。

表 7-26 模型管理功能描述

功能描述	管理"运行中"和"结束运行"的模型状态
优先级	高
功能详情	**2.模型管理** | 模型名称 | 创建时间 | 训练状态 | 训练时长 | 操作 | 是否加入发布列表 | | LR_202004139242 | 2020-04-19 18:00 | 训练完毕 | 3小时2分钟 | 查看报告 删除 | ☑ | | LR_202005142524 | 2020-05-14 18:00 | 训练中 | 1小时50分钟 | 查看报告 删除 | ☐ |

续表

功能详情	- 模型名称：来源于训练配置 - 创建时间：模型创建的时间，格式"YYYY-MM-DD 24小时制时间" - 训练时长：模型从开始训练到结束训练的时间，跟"计费"强相关，需要精确到秒 - 训练状态：分为"训练中""训练完毕""训练失败"3种状态。在"训练中"状态下，"查看报告"按钮置灰不可点击。在"训练完毕"和"训练失败"状态下，"查看报告"可点击 2.模型管理 | 模型名称 | 创建时间 | 训练状态 | 训练时长 | 操作 | 是否加入发布列表 | |---|---|---|---|---|---| | LR_202004139242 | 2020-04-19 18:00 | 训练完毕 | 3小时2分钟 | 查看报告 删除 | ☑ | | LR_202005142524 | 2020-05-14 18:00 | 训练中 | 1小时50分钟 | 查看报告 删除 | ☐ | - 模型名称：来源于训练配置 - 创建时间：模型创建的时间，格式"YYYY-MM-DD"24小时制时间 - 训练时长：模型从开始训练到结束训练的时间，跟"计费"强相关，需要精确到秒 - 训练状态：分为"训练中""训练完毕""训练失败"3种状态。在"训练中"状态下，"查看报告"按钮置灰不可点击。在"训练完毕"和"训练失败"状态下，"查看报告"按钮可点击 - 查看报告：在"训练失败"状态下，点击"查看报告"弹窗显示错误日志。在训练成功状态下，点击"查看报告"显示具体的模型评估信息，展示F1 Score、召回率、精确率、AUC、KS参数 模型效果报告 算法名：逻辑回归 参数列表：1.迭代次数：200 　　　　　2.最小收敛误：0.000001 　　　　　3.正则方式：L1 　　　　　4.计算资源：10CPU,40GB内存 目标列：label1 训练集和测试集拆分比例：0.8 | F1 Score | 0.83673 | |---|---| | 召回率 | 0.87234 | | 精确率 | 0.80392 | | AUC | 0.8893 | | KS | 0.6905 | 关闭

续表

功能详情	• 删除按钮：点击"删除"按钮需要客户二次确认是否删除 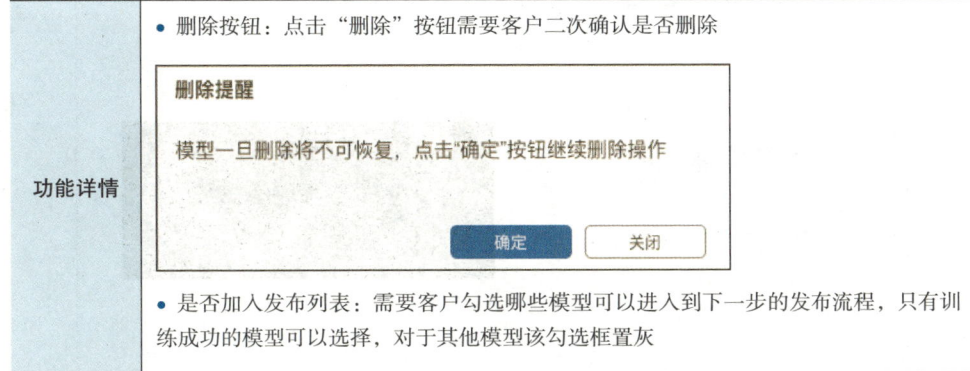 • 是否加入发布列表：需要客户勾选哪些模型可以进入到下一步的发布流程，只有训练成功的模型可以选择，对于其他模型该勾选框置灰

模块四："上一步"和"下一步"按钮（见表 7-27）。

表 7-27 "上一步"和"下一步"按钮功能描述

功能描述	控制整体执行流程的"下一步"和"上一步"这两个按钮的行为
优先级	中
功能详情	• 上一步：点击跳到数据字段配置板块，恢复上一次在该板块的配置 • 下一步：默认置灰不可点，只有当有模型勾选上加入发布列表功能，"下一步"按钮高亮可点击，点击后开启模型发布功能

4．模型发布说明

（1）概述

模型发布是联邦学习平台客户行为的最后一个步骤，客户可以在模型发布功能页进行待模型的测试以及模型的发布和状态监测。在模型测试模块，客户可以选择模型进行部署前的预运行，评测一下当前模型的输入/输出是否符合预期。如图 7-18 所示，在模型发布列表中，客户可以做模型的发布和停止等状态管理，也可以查看模型的运行状态、历史调用次数等。模型的运行状态可以方便客户了解模型的运行情况。历史调用次数可以让客户更好地理解消费情况，因为 API 的费用是与调用次数成正相关。

第 7 章 案例实践——从零规划联邦建模平台

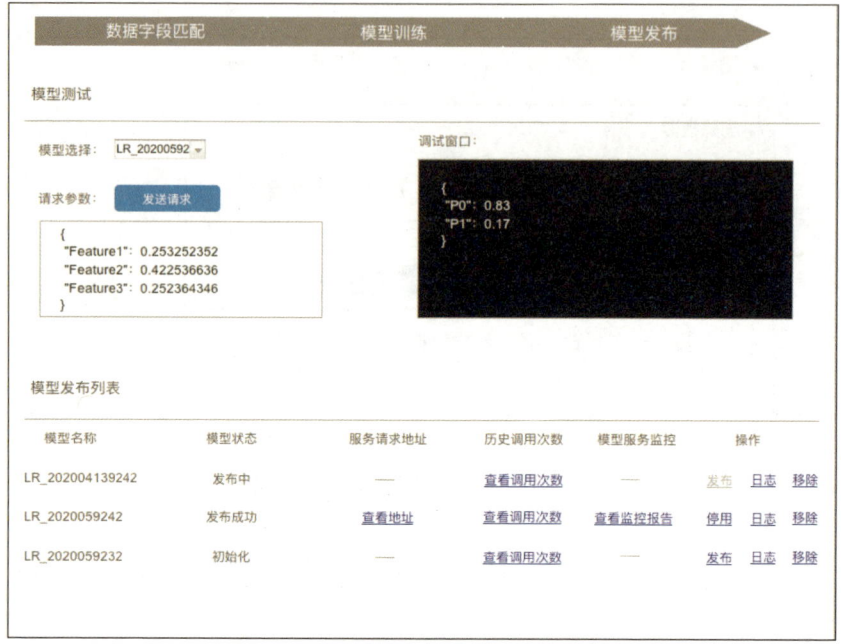

图7-18　模型发布列表

（2）功能模块说明

模块一：模型测试——模型选择（见表7-28）。

表7-28　模型选择功能描述

功能描述	客户可以基于模型选择模块选择需要测试的模型
优先级	中
功能详情	模型选择：LR_20200592 ● 设计成下拉列表，允许客户单选 ● 只展示"模型训练"环节中勾选要加入发布列表的模型

模块二：模型测试——请求参数（见表7-29）。

表7-29　请求参数功能描述

功能描述	客户在调试模型时候填写的请求参数，比如客户测试的是逻辑回归模型，需要将模型对应的每个特征的对应值发送给模型服务，然后在调试窗口返回服务的请求结果
优先级	高

续表

功能详情	 • "发送请求"按钮：不允许连续点击，每两次点击的时间间隔为5秒，防止上一次请求的模型调试结果还没返回就又发送了新请求。每次点击之后按钮置灰，等待5秒之后再恢复可点击状态 • 参数编辑框：增加JSON格式检测功能，如果输入不符合JSON格式，参数框变红并报错 • 调试窗口：默认为空，有请求结果反馈时展示请求结果

模块三：模型发布列表（见表7-30）。

表7-30　模型发布列表功能描述

功能描述	模型发布列表展示的是客户经过了联邦学习建模之后的待发布模型，客户可以在模型发布列表控制这些模型的使用行为，可以将模型发布成Restful API服务，并且可以在该模块监控模型的调用次数、线上的服务状态、服务地址等
优先级	高
功能详情	模型发布列表 | 模型名称	模型状态	服务请求地址	历史调用次数	模型服务监控	操作 | |---|---|---|---|---|---| | LR_202004139242 | 发布中 | — | 查看调用次数 | — | 发布　日志　移除 | | LR_2020059242 | 发布成功 | 查看地址 | 查看调用次数 | 查看监控报告 | 停用　日志　移除 | | LR_2020059232 | 初始化 | — | 查看调用次数 | — | 发布　日志　移除 | • 模型名称：沿用"模型训练"板块客户设置的名称 • 模型状态和模型的操作做状态机联动： ① 模型状态默认为初始化 ② 点击"发布"按钮后，"发布"按钮置灰，模型状态为发布中 ③ 发布成功后，"发布"按钮变为停用，模型状态变为发布成功 ④ 发布失败后，"发布"按钮恢复可点击状态，模型状态显示发布失败，并且展示失败错误日志 ⑤ 点击"停用"按钮，停用按钮置灰，模型状态改为"停用中"。停用完成后，"停用"按钮变成"发布"按钮，模型状态恢复为初始化

续表

功能详情	- 服务请求地址：只有模型状态为发布成功的实例才有服务请求地址。弹窗展示模型的名称，请求地址和服务的Token，其中请求地址和服务Token不可编辑，可以通过右侧的"复制"按钮将内容复制到粘贴板  - 历史调用次数：显示当前模型历史调用次数，方便客户查看，与计费相关 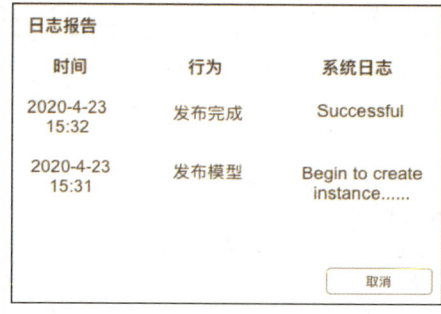 - 模型服务监控：展示当前模型的服务状态，只有模型状态为"发布成功"的模型才可以查看监控报告。需要弹窗展示模型服务的QPS、RT等服务相关的指标（这部分对于不同产品定位差异化太大，就不具体介绍）。 - 操作："日志报告"按钮，点击查看当前服务的历史发布记录和系统日志。

7.5 联邦学习 GTM 策略

在联邦学习市场洞察环节已经基本将产品定位为一个云端的联合建模平台，目标客户是腰部以及尾部有数据营销需求的互联网公司。联邦学习平台的市场策略分为营销和售卖两部分。

在营销策略方面，因为联邦学习是一个新领域，在市场心智方面需要注重市场教育，前期可以通过运营人员在一些人工智能媒体（如量子位、机器之心、CSDN）上宣传，在行业内建立一个大概的印象。接着可以通过一些线下的沙龙或者视频等方式，吸引第一批感兴趣的客户。

在售卖方面，这种相对前沿的技术领域产品，在上线初期因为没有存量的成功案例，销售较难推动。另外客户也比较难评估产品带来的收益。所以在初期比较适合交叉营销，可以在云平台上挑选一些模型来训练相关应用的客户并将其作为种子客户，因为这部分客户数据已经上云，同时存在模型训练的需求，另外也已经使用了云平台上的其他商业化产品，针对这部分做交叉营销比较容易让客户接受。

当初期的种子客户使用了联邦学习平台产品并产生了业务效果，要快速封装成功的客户案例，把种子客户成功经验传播给更多的行业内潜在客户，形成"以点打面"的模式。

7.6 本章小结

本章结合了本书介绍的市场洞察、产品规划、产品设计、产品影响和售卖策略理论，介绍了如何从零规划联邦学习平台。首先基于一个 B 端客户的实际问题定义了问题和解决方案，旨在解决数据孤岛的问题。接着在市场洞察阶段，利用 PEST 分析、集中度和渗透率分析、产业链分析确定了产品功能的边界，另外也明确了产品的目标市场以及市场的空间大小。在客户需求分析阶段，明确了互联网腰部客户、尾部客户有营销需求的客户为目标客户。

在产品规划阶段，明确了产品定义、目标、参与建设的团队的权责、业务流程和架构、具体实施计划。在产品设计阶段，首先确定了售卖模式、权限体系和 SLA，另外基于纵向联邦学习场景介绍了如何构建产品 PRD，介绍了数据字段匹配、模型训练、模型发布这 3 个模块的产品设计细节。最后介绍了联邦学习平台的 GTM 策略，因为联邦学习平台是相对比较前沿的人工智能产品，在营销方面要注意培养用户的心智，在销售方面可以通过交叉营销的手段获取种子用户，然后快速封装成功案例并复制。

附 录
关于商业化和产品建设的思考

这是对全书的一个总结,主要介绍作者工作过程中对产品和商业化的一些思考。我会把这些思考拆分成几个方面,每个方面其实都来自于作者在工作中得到的启发,希望对大家有帮助。

市场反馈是产品的根本推动力

产品进步的推动力有很多种,可能是来自客户的需求,也可能是开发团队的自我驱动。但其实不是每种推动力对于产品都是正向推动的,比如有的时候会遇到某些客户提出的伪需求,这些需求在某种程度上会对产品的演进产生影响。那么如何持续找到对产品进步最有效的推动力呢?作者认为市场反馈是产品根本的推动力,接下来跟大家分享一个作者身边的小故事来验证这一观点。

作者所在的大团队有两个非常类似的产品,这两个产品的功能和解决的问题很相近。它们最大的区别在于其中一个产品是服务内部的,是一个内部工具。另一个产品是服务外部的,是一个云上的商业化产品。云上产品的主要推动力来自于云上客户的需求,而这款内部工具产品的主要推动是内部一些同事的反馈。这两个产品并行了两年的时间,一开始内部工具产品发展得很快,但是产品的改进方向却越做越模糊。而商业化产品在前期发展得比较慢,但是到了两年后却越来越目标清洗,前进动力十足。

这两个产品的发展形势的反差特别值得思考,探究其内部的原因,就可以找到市场反馈是产品进化的根本推动力。首先,要分析工具型产品和商业化产品所收到的需求。工具型产品一般会收到更多需求,因为都是内部同事使用，肯定遇到什么问题直接就提出来了，相对而言提需求的代价很低。而商业化产品收到的需求会相对少一些，特别是初期，因为客户使用商业化产品是要付费的，特别是一些按功能或者按使用量计费的产品，客户在提需求的时候一般比较谨慎，因为功能一旦做了，客户要付费使用的。

所以，商业化产品收到的市场反馈相对于非商业化产品来讲，会相对少一些，但是重要性可能会更高。这也是为什么上述两个产品并行发展了两年后，商业化产品会发展得更好。因为商业化产品收到的反馈在某种程度上会更体现其价值，长期投入去开发更能满足市场要求的需求，会更有利于产品的发展。所以，如果想真正推进产品的发展，请把它变成商品。

用户体验与商业模式的矛盾

商业化产品有一个特别有意思的矛盾点，就是用户体验和商业模式之间的矛盾。商业化产品通常会有一个口号——"客户第一"。但是"客户第一"是否意味着"用户体验第一"。商业化产品如何平衡收入与用户体验之间的矛盾，这是一个需要讨论的问题，以下也通过作者工作过程中遇到的一个事情来展开分析。

之前作者负责的一款产品是一个在线编程的 IDE 产品，如图 1 所示。

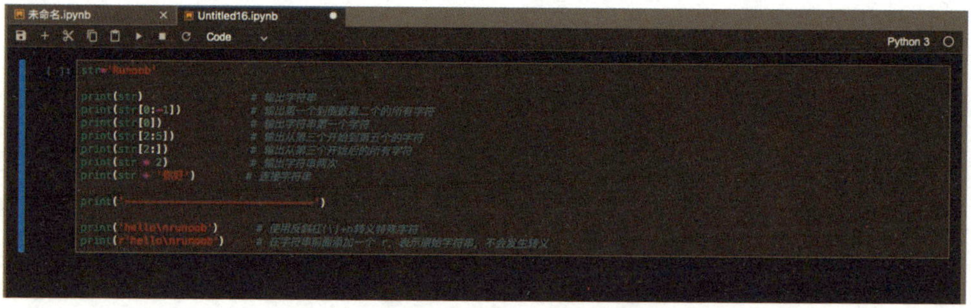

图 1　IDE 产品的代码

这款产品的付费模式有两种，一种是预付费模式，客户可以包月买机器，那么无论用多少，都是固定的费用。另一种是按量付费模式，客户只要打开这个开发页面就开始收费，无论是否运行代码都需要按打开的时长收费。

以上这种按量付费模式其实是对用户体验不友好的。通常写代码的过程包含两个状态，一个是编辑态，另一个是运行态。编辑态指的是用户在思考或者开发代码，并没有运行代码，而且编辑态会占据很大的时间比例，按照以上商业模式，编辑态也是要收费的，虽然没有运行也没有消耗计算资源。运行态指的是用户执行了代码，这个时候会消耗底层的计算资源。基于以上的商业模式，经常有用户反馈："为什么我只是打开了页面，没有运行代码也会收费，这样体验不友好、不合理。"

那为什么要设计成这种看似用户体验不友好的效果？反过头来再深挖基于以上收费模式背后的一套商业逻辑。第 6 章已经介绍了无论是商业化产品本身还是销售人员，通常比较欢迎预付费售卖的模式，因为预付费意味着产品直接可以预定客户未来一段时间的消费，相当于钱提前落到了口袋。在上述的这个例子中，产品的按量付费模式提供了一种相对不友好的用户体验，其实从商业角度讲，是希望更多地将客户从按量付费模式向预付费模式迁移。

继续深挖，这里面还有另一层意义。按量付费客户和预付费客户在客户价值划分上也是不同的，一般商业化产品的企业级客户会倾向于预付费模式，因为企业生产需要大量地开发代码和执行代码，需要长时间使用，预付费更划算。长尾客户，特别是一些个人开发者，使用频率较低，可能会倾向于按量付费的模式。所以以上这样的商业模式其实天然对客户群进行了筛选，更多地保留了企业级客户，这样整体的客户运维成本也可以得到限制。

总结一下，这里提供了一个值得探讨的例子，在用户体验和商业模式相矛盾的时候，选择提升体验还是提供更好的商业模式，其实是每个产品经理需要思考的问题。这个问题没有固定的答案，从作者自身的角度来看，在这二者之间进行选择之前，要充分结合产品营收目标、目标客户群特点这两个维度进行分析。假想一下，如果让以上提到的这款产品的后付费模式的编辑态不收费,运行态才收费,会不会造成部分预付费客户转向按量付费,此时整体营收是增多了还是减少了呢?大家可以思考这个问题。

选择定制化需求还是标准化需求

做 ToB 产品一定绕不开的话题就是如何做到在定制化和标准化之间平衡,因为 ToB 领域的客户一定有一些定制化场景,特别是一些大客户(消费比较高的客户)。定制化指的是根据每个客户的要求,为特定的关键客户制作专属的功能。标准化指的是只抽象出更多客户的通用功能开发,尽量不做定制化功能。但是因为开发资源有限,做太多定制化的项目肯定会打破原有的产品标准化开发的计划。做定制化的好处是可以快速响应大客户的需求,短期看会有更多的收入。在作者工作的过程中,每周都会面临选择定制化还是标准化这样的非常难以抉择的问题。这个问题没有标准的答案,接下来谈下作者的看法。

选择定制化还是标准化的产品路线有两个基本判断条件,一是客户的付费意愿,二是产品的发展阶段。

做商业化产品的核心目标一定是营收,假设有个客户愿意付一笔费做定制化需求,且这笔费用可以满足产品一年的营收目标,并且占用的开发资源也不大。这种需求理应被接受,因为做了这个需求就可以"养活"整个产品一年,余下的开发资源可以全部投入到标准化的产品功能开发中。

同时,产品的发展阶段也是决定是否接受定制化需求的重要原因,有些产品处于市场初期探索阶段,这个时候没有太多的客户可以触达到,其实很难抽象出正确的标准化的产品方案。处于这个阶段的产品不如多尝试接受一些定制化的客户需求,一来可以缓解营收压力,二来也可以快速在市场中站稳脚跟。对于快速发展阶段的产品,有稳定的客户群体,处于市场卡位的关键期,这个时候要尽量规避定制化需求,要将更多资源投入到核心的标准化功能的开发,为后续占领市场做准备。

所以,投入更多资源到定制化需求还是标准化需求,需要同时权衡客户的付费意向和产品目前的发展阶段再决定。

价格和产品能力的关系

在各行各业,产品能力和品牌效应是决定商品议价能力的关键。品牌效应在 ToB 领域相比于 ToC 领域会弱化一些,在 ToB 领域决定商品议价能力的因素基本就是产品能力。但是在 ToB 市场的客户竞标环节,经常会遇到产品能力强的一方最终输掉了竞标,原因往往是产品能力弱的竞争者提供了更优惠的价格。本节就结合作者自身遇到的一个案例,聊聊价格和产品能力的关系。

某客户的竞标项是一个关于深度学习计算引擎的项目。经过了前期的测试,最终产品 A 的计算速度是产品 B 的两倍,客户对 A 的产品能力非常满意。不过最终客户选择了 B,因为 B 给出了 A 产品 0.4 倍的价格。这个例子特别有意思,因为 A 在产品力方面有明显优势却最终输掉了这个合同。客户给出的解释是虽然 A 的产品性能很好,计算速度很快,但是快 2 倍的速度和性能并不能完全添补成本的差距。客户最终的选择是可以忍受慢一点的计算速度,只要价格足够便宜就好。

这种例子其实在 ToB 业务中非常常见,展开来说就是 A 的产品能力相较于价格并没有跟 B 拉开大的差距,假设 A 的计算性能是 B 的 10 倍甚至更多,那么 A 的竞争力就变得强很多了。另外,产品要找准客户的痛点作为产品的核心发展方向,在本文的例子中,客户虽然很看中产品的计算速度,但是假设会慢一点,也不是不能忍受。

所以产品经理在产品的规划过程中,如果没有办法在产品能力上与竞品拉开差距,一定要做好成本的控制以及售卖模式的设计,不然很可能在实际竞争中被其他竞品打败。另外,产品的核心能力一定要满足客户的核心诉求,不要做"自己以为正确的需求",要做"客户认可的正确的需求"。

总结

这是全书的补充章节,主要介绍作者在人工智能 ToB 行业遇到的一些问题和思考。经历了产品从工具化到商业化的过程，最直观的感受是做商业化产品比做内部工具更痛苦，也更有成就感。痛苦是因为有更多的业绩压力，更残酷的市场竞争，更严苛的客户需求。成就感在于可以通过 ToB 商品直接参与到各行业的智能化升级，真正通过自己的判断一点点地影响着行业的变革。另外，ToB 商品有时候也会带来感动，当你看着客户使用了自己设计的产品不断在业务中取得进步，办公室由简单变得华丽，团队不断扩大，自己也会为之感动。最后，欢迎更多的同学加入人工智能行业，加入到产品经理的队伍。未来几十年需要越来越多的 AI 产品经理去发现行业痛点，找到解决问题的方法。AI 产品经理，大有可为！